Bernd Wehren

SPORT – schnell griffbereit

Große Spiele

1.–4. Klasse

Bernd Wehren studierte die Fächer Deutsch, Mathematik, Sachunterricht und Sport auf Grundschullehramt von 1990 bis 1995 in Münster. Nach dem Referendariat in Bochum unterrichtete er an mehreren Grundschulen, heute ist er Lehrer an der Heinrich-Neuy-Grundschule in Steinfurt. Bernd Wehren veröffentlichte bereits mehrere Unterrichtshilfen und Arbeitsmaterialien.

Wir verwenden in unseren Werken eine genderneutrale Sprache, damit sich alle gleichermaßen angesprochen fühlen. Wenn keine neutrale Formulierung möglich ist, nennen wir die weibliche und die männliche Form. In Fällen, in denen wir aufgrund einer besseren Lesbarkeit nur ein Geschlecht nennen können, achten wir darauf, den unterschiedlichen Geschlechtsidentitäten gleichermaßen gerecht zu werden.

3. Auflage 2024

AAP Lehrerwelt GmbH
Veritaskai 3
21079 Hamburg
Telefon: +49 (0) 40325083-040
E-Mail: info@lehrerwelt.de

Geschäftsführung: Andrea Fischer, Sandra Saghbazarian
USt-ID: DE 173 77 61 42
Register: AG Hamburg HRB/126335

Autorschaft: Bernd Wehren
Covergestaltung: TSA&B Werbeagentur GmbH, Hamburg
Coverillustration: Claudia Bauer, Pinselstrich & Farbenspiel
Illustrationen: Roman Lechner, Renata Golaszewska, Alexander Erkens
Satz: Bittner Dokumedia, Hoisdorf
Druck und Bindung: Esser printSolutions GmbH, Bretten

ISBN/Bestellnummer: 978-3-403-23094-6
www.persen.de

Inhaltsverzeichnis

1. Einleitung

Im Sportunterricht erfreuen sich Große Spiele bei allen Schülern großer Beliebtheit – ob Basketball, Fußball, Handball, Hockey oder Volleyball. Auch unabhängig vom sportlichen Leistungsvermögen können alle Kinder Freude und Erfolgserlebnisse haben.

Die in diesem Buch vorgestellten Großen Spiele

- können in der Sporthalle, teilweise auch draußen gespielt werden,
- haben ein einfaches Regelwerk,
- können durch kleine Änderungen neu erfunden werden,
- haben oft keinen Gewinner oder Verlierer,
- können mit geringem Materialaufwand gespielt werden,
- motivieren „schwächere" Kinder,
- stärken die Gemeinschaft der Gruppe,
- sind schnell realisierbar und
- machen einfach Spaß.

Sie finden in diesem Buch im praktischen Hosentaschenformat zu jedem der fünf großen Spiele Basketball, Fußball, Handball, Hockey und Volleyball die Grundregeln, Bilder und Erklärungen zu den Grundtechniken, illustrierte Übungs- und Spielformen mit Differenzierungen bzw. Varianten und Anregungen für ein reflektiertes Gespräch. Zur schnellen Orientierung finden Sie in den Kopfzeilen, welche Sportart, Technik, Übung, Spielform auf dieser Seite vorgestellt werden. Für ein besseres Verständnis sorgt der meist gleiche Seitenaufbau: auf jeder Seite ein bis zwei kurze, gut strukturierte Anleitungen und darunter ein bis zwei Bilder, die zu den Anleitungen passen. Zudem sind für den Sportunterricht zahlreiche, sinnvolle Tipps aufgelistet.

Somit können Sie – auch als fachfremder Sportlehrer – ein Großes Spiel Schritt für Schritt einführen, auch eigene Varianten und Ideen der Schüler berücksichtigen und inhaltlich passende Gespräche führen! Abschließend können Sie eine „Große Spiele-Olympiade" durchführen.

Viel Spaß mit dieser großen Spielesammlung wünscht Ihnen und Ihren Schülern *Bernd Wehren*

2. Große Spiele-Olympiade

Bei der Durchführung einer Spiele-Olympiade können Sie auf Übungs- und Spielformen zu den Großen Spiele aus diesem Buch zurückgreifen. Schreiben Sie zuerst mit Bleistift 10 Kleine Spiele mit der entsprechenden Seitenzahl auf. Lassen Sie Ihre Schüler mitentscheiden und abstimmen, welche bekannten Spiele mit ins „Olympische Programm“ aufgenommen werden sollen.

1. .... Seite ......
2. .... Seite ......
3. .... Seite ......
4. .... Seite ......
5. .... Seite ......
6. .... Seite ......
7. .... Seite ......
8. .... Seite ......
9. .... Seite ......
10. .... Seite ......

Planen Sie für die „Große Spiele-Olympiade“ eine Doppelstunde bzw. zwei Unterrichtsstunden ein. Zu Beginn lesen Sie die „Fair-Play-Regeln“ vor:

1. Wir stellen uns an und warten.
2. Wir sind friedlich, freundlich und helfen uns.
3. Wir geben Spielgeräte auch anderen Kindern.
4. Hauen, treten, auslachen, meckern und beleidigen ist verboten.

3. Tipps für den Sportunterricht/Sport-Anfangsunterricht

- Die Sportkleidung besteht aus Sporthose, T-Shirt und Turnschuhen (mit Klettverschluss).
- Bevor Sie mit Ihrer Klasse zur Sporthalle gehen, sollten sich Ihre Schüler selbstständig ihren Sportbeutel nehmen, zu zweit aufstellen und zur Ruhe kommen können. Erst dann gehen Sie langsam, leise und hintereinander los.
- Auch der Weg zur Sporthalle sollte mehrfach geübt werden.
- Jeder Schüler sollte in der Umkleidekabine genug Platz zum An- und Ausziehen haben. Achten Sie dabei auch darauf, dass die Schüler ihre Kleidung ordentlich aufhängen und auf die Bank legen.
- Uhren und Schmuck werden abgelegt!
- Lange Haare werden mit Haarbändern zusammengebunden.
- Zeigen Sie den Schülern die Waschräume und die Toiletten.
- Wer umgezogen ist, darf in der Halle entweder frei spielen oder sich in den Sitzkreis setzen.
- An Geräten darf nicht geturnt werden, bis Sie es erlauben.
- Sichern Sie Fallbereiche mit Matten.
- Achten Sie von Beginn an auf konsequente Regeleinhaltung!
- Lassen Sie Ihre Schüler beim Auf- und Abbau von Geräten mithelfen. Trainieren Sie mit ihnen den Gerätetransport.
- Beenden Sie jede Sportstunde in Ruhe und lassen Sie die Schüler gruppenweise in die Kabinen gehen und nicht rennen.

Bei allen genannten Tipps helfen Ihnen die nachfolgenden Regeln.

Verbote und Gebote im Sportunterricht!

1) Wir holen in Ruhe unsere Sportsachen und stellen uns an der vereinbarten Stelle leise auf.

2) Wir ziehen uns zügig und leise in der Umkleide um.

3) Wir tragen in jeder Sportstunde Sportzeug (Turnschuhe, Sporthose und T-Shirt).

4) Wir legen Uhren und Schmuck ab, damit wir niemanden verletzen.

5) Wir binden lange Haare mit einem Haarband zusammen.

6) Wir lassen Getränkeflaschen in der Umkleidekabine.

7) Wir gehen in den Gängen langsam und rennen nicht.

8) Wir dürfen die Halle betreten, wenn der Lehrer es erlaubt.

9) Wir turnen auf keinen Geräten, die schon in der Halle aufgebaut sind. Auch die Tribüne und den Geräteraum betreten wir nicht!

10) Wir achten auf die Zeichen des Lehrers! Bei Gesprächen sind wir leise! Wir hören dem Lehrer oder den Mitschülern zu!

Basketball-Regeln
Einführung der Basketballregeln in der Grundschule:

Ziel ist es, den Basketball in Kästen (bei mehreren Spielfeldern) oder gegen das Brett des Basketballkorbes oder in den Basketballkorb zu werfen. Jeder Treffer zählt einen Punkt. Später können Sie typische Basketball-Regeln einführen (s. unten).

Für Anfänger:
1. Kein Dribbling! Dribbling wird mit Ballabgabe an die andere Mannschaft „bestraft". So werden alle Spieler am Spiel beteiligt.
2. Ein Spieler darf fünf Schritte mit dem Basketball machen. Ballabgabe an die andere Mannschaft bei Regelübertretung!
3. Ein Gegenspieler darf nicht berührt werden. Ein Foul wird mit Punkt für die andere Mannschaft und Ballabgabe bestraft.

Für Fortgeschrittene:
1. Das Dribbling ist erlaubt.
2. Vor dem Wurf auf den Kasten, das Brett oder den Korb müssen 3 oder sogar alle Mitspieler den Ball in den Händen gehalten haben.
3. Ein Spieler darf nur zwei Schritte mit dem Basketball machen. Ballabgabe bei Regelübertretung!
4. Ein Gegenspieler darf nicht berührt werden. Ein Foul wird mit Ballabgabe an die andere Mannschaft bestraft.

Weitere typische Basketballregeln, die Sie nach und nach einführen können:
a) 5 Spieler + 0–5 Auswechselspieler pro Mannschaft
b) Bei Spielbeginn: Sprungball zwischen zwei Spielern. Der Ball wird vom Schiedsrichter zwischen den zwei Spielern hochgeworfen.
c) Jeder Korbtreffer zählt zwei Punkte, erfolgreiche Strafwürfe nach Foul je einen Punkt und außerhalb der 3-Punkte-Zone drei Punkte.
d) Jeder Gegenspieler darf sich nur drei Sekunden innerhalb des Trapezes unterhalb des gegnerischen Korbes aufhalten.
e) Ist der Ball über der Mittellinie, darf er nicht zurückgespielt werden.

Basketball-Feld und Co

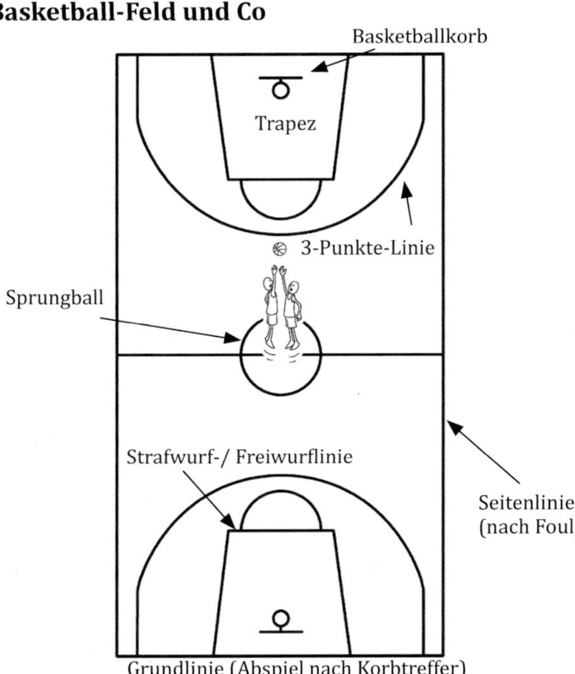

Sicherheitshinweis: Es ist sinnvoll, dass sich die Schüler bei der Einführung des Basketballspiels den Basketball als „ungefährlichen" Aufsetzer zupassen, also erst später mit direktem „Druckpass". Denn fliegt der Basketball ins Gesicht, tut das sehr weh. Oder man lässt die Schüler zu Beginn mit Gymnastik- oder Softbällen spielen.

Basketball-Grundtechniken

Dribbeln

1. Die Hand wie eine Schüssel formen und den Basketball nach unten drücken.
2. Der Basketball prellt auf den Boden und wieder nach oben.
3. Dabei federn Hand und Unterarm mit dem Basketball etwas nach oben nach.

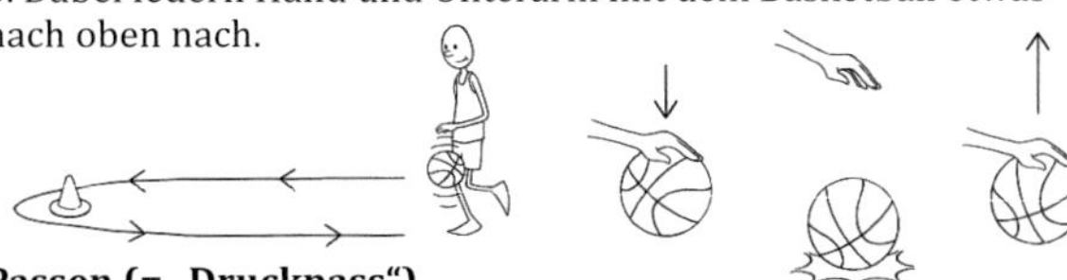

Passen (= „Druckpass")

1. Beim Passen wird der Basketball vor der Brust gehalten, die Daumen zeigen schräg nach unten und die Ellbogen stehen seitlich ab.
2. Mit einer schnellen Armbewegung nach vorne wird der Basketball gerade nach vorne katapultiert.

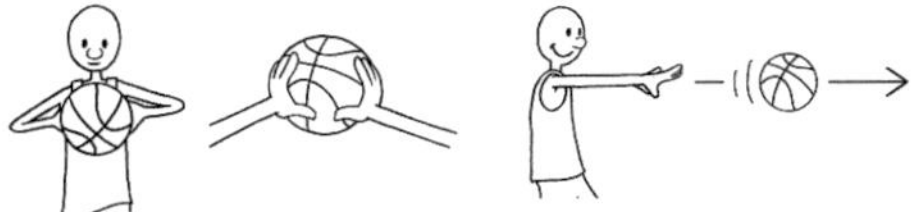

Fangen

1. Beim Fangen werden die Hände vor der Brust gehalten und die Handinnenflächen zeigen nach vorne, die Daumen zeigen schräg nach unten und die Ellbogen stehen seitlich ab.
2. Der Basketball wird in Brusthöhe gefangen, wobei die Hände eine Schüssel bilden, die Zeigefinger und Daumen ein Dreieck bilden und mit dem Basketball nach hinten federn.

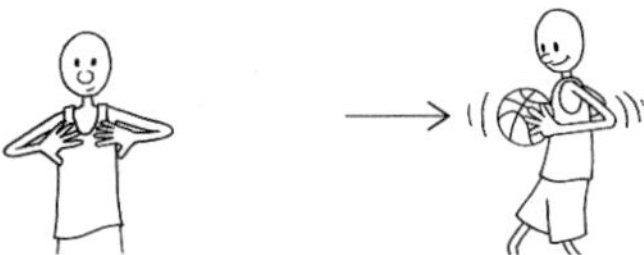

Basketball-Grundtechniken

Korbwurf eines Rechtshänders

1. Die rechte Hand drückt den Basketball Richtung Korb, wobei die rechte Hand gleichzeitig nach vorne bewegt wird. Die Fingerspitzen verlassen den Basketball zuletzt. So erhält der Basketball eine Rückwärtsdrehung beim Korbwurf, während er nach schräg oben Richtung Korb fliegt.
2. Die linke Hand hält den Basketball beim Korbwurf seitlich fest.
3. Während des Korbwurfes beugt der Spieler ein wenig die Knie, um sie beim Abwurf zu strecken und ein wenig in die Höhe zu springen.

Korbwurf eines Linkshänders

1. Die linke Hand drückt den Basketball Richtung Korb, wobei die linke Hand gleichzeitig nach vorne bewegt wird. Die Fingerspitzen verlassen den Basketball zuletzt. So erhält der Basketball eine Rückwärtsdrehung beim Korbwurf, während er nach schräg oben Richtung Korb fliegt.
2. Die rechte Hand hält den Basketball beim Korbwurf seitlich fest.
3. Während des Korbwurfes beugt der Spieler ein wenig die Knie, um sie beim Abwurf zu strecken und ein wenig in die Höhe zu springen.

Slalomlaufen

Die Schüler dribbeln mit dem Basketball um Kartons, Fahnenstangen oder Hütchen hin und zurück.

Differenzierung/Varianten:
mit verschiedenen Bällen / linke Hand, rechte Hand, vorwärts, rückwärts, seitwärts laufen ...

Gesprächsanregung für eine Hinführung oder Reflexion:
Worauf muss man beim Dribbeln und den Dribbelvarianten achten?

Einmal herum

Die Schüler laufen und dribbeln mit dem Basketball. Zwischendurch führen sie den Basketball einmal um ihren Körper herum und dribbeln weiter.

Differenzierung/Varianten: mit verschiedenen Bällen / linke Hand, rechte Hand, vorwärts, rückwärts, seitwärts laufen ...

Gesprächsanregung für eine Hinführung oder Reflexion:
Worauf muss man beim Herumführen und gleichzeitigem Laufen achten?

Dribbel mal

Die Schüler dribbeln den Basketball auf der Stelle, wobei sie ihre Position verändern: im Stand, in der Hocke, kniend, auf dem Bauch, auf dem Po…

Differenzierung/Varianten: Ein Schüler macht die Positionen vor und die anderen Schüler müssen sie auch so verändern.

Gesprächsanregung für eine Hinführung oder Reflexion:
Worauf muss man achten, wenn man sich auf den Boden setzt, wieder aufsteht…?

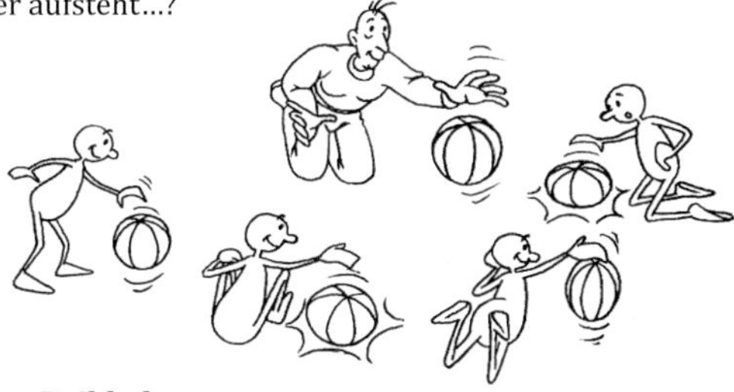

Namen-Dribbeln

Jeder Schüler spaziert durch die Halle und dribbelt dabei einen Basketball. Wenn man auf einen anderen Schüler trifft, begrüßt man sich per Handschlag, sagt den Namen des Mitschülers und dribbelt weiter.

Differenzierung/Varianten: Die Schüler tauschen auch die Basketbälle aus. / Die Schüler joggen.

Gesprächsanregung für eine Hinführung oder Reflexion:
Wie kann man die Übung noch spannender machen?

Reifendreher

Schüler drehen einen Reifen. Und während sich der Reifen dreht, dribbeln die Schüler den Basketball auf den Boden.

Differenzierung/Varianten: Jeder Schüler zählt, wie oft der Basketball den Boden berührt hat. / Die Schüler gehen bzw. joggen um den Reifen herum.

Gesprächsanregung für eine Hinführung oder Reflexion:
Wie kann man aus der Übung ein Spiel machen?

Von Reifen zu Reifen

Die Schüler dribbeln den Basketball von Reifen zu Reifen, die hintereinander auf dem Boden liegen, ohne einen Reifenrand zu berühren.

Differenzierung/Varianten: Mehrere Mannschaften dribbeln mit ihrem Basketball durch ihren Reifenparcours hin und zurück. Die Mannschaft hat gewonnen, deren Spieler als Erstes alle einmal gelaufen sind.

Gesprächsanregung für eine Hinführung oder Reflexion:
Gibt es Unterschiede zum normalen Dribbeln ohne Reifen?

Basketball-Maler

Auf mehreren kleinen Kästen liegen je ein Blatt Papier und ein Stift. Jede Schülergruppe versucht nun ein Haus zu malen: Der erste Schüler einer jeden Gruppe dribbelt den Ball zu ihrem Kasten, malt den ersten Strich von dem Haus, wobei er weiterhin dribbeln muss, und dribbelt zurück. Nun ist der zweite Schüler an der Reihe. Welche Gruppe hat das Haus als Erstes gemalt?
Differenzierung/Varianten: etwas aus einem Buch vorlesen / eine Rechenaufgabe ausrechnen / etwas mit Holzklötzen bauen
Gesprächsanregung für eine Hinführung oder Reflexion:
Wie kann man am besten dribbeln und gleichzeitig zeichnen?

Kreuz und quer

Die Schüler werfen, passen und fangen sich den Basketball in verschiedenen Varianten zu: 1. hochwerfen, drehen und wieder fangen, 2. zu zweit: Druckpass und fangen, 3. als Aufsetzer passen und fangen, 4. umdrehen und über Kopf blind werfen, 5. zu dritt: hin und her passen, 6. über Kopf zupassen 7. Druckpass als Aufsetzer durch eine Reifen einem anderen Schüler zupassen.

Differenzierung/Varianten: durch die Beine passen / hochwerfen, auf den Boden setzen und wieder fangen / Wie viele Pässe schafft ihr in einer Minute?

Druckpass gegen die Wand

Die Schüler dribbeln den Basketball von Hallenwand zu Hallenwand und werfen den Ball per „Aufsetzer-Druckpass“ gegen die Hallenwand, fangen ihn wieder und dribbeln den Basketball zur nächsten Hallenwand.

Differenzierung/Varianten: direkter Druckpass gegen Hallenwand und ohne Bodenberührung den Basketball wieder fangen

Gesprächsanregung für eine Hinführung oder Reflexion:
Worauf muss man beim Druckpass und Fangen achten?

Achtung, Ball!

Ein Werfer steht hinter einer Reihe von Fängern. Der Werfer wirft den Basketball über die Fänger hinweg gegen die Hallenwand. Alle Fänger versuchen den Ball zu fangen. Der Fänger, der den Ball fängt, ist der nächste Werfer und der erste Werfer wird zum Fänger.

Differenzierung/Varianten: Die Abstände zwischen Hallenwand, Fängern und Werfern verändern.

Gesprächsanregung für eine Hinführung oder Reflexion:
Worauf muss man beim Werfen und Fangen achten?

Wer ist schneller: Basketball oder Schüler?

Mindestens 6 Schüler, die zueinander im Abstand von ca. 2 Metern stehen, stellen sich mit einem Basketball im Kreis auf. Ein Schüler A steht außerhalb des Kreises und ruft, wie sich die Schüler im Kreis den Basketball reihum zuspielen sollen (über Kopf, als Aufsetzer, als Druckpass....). Gleichzeitig rennt Schüler A um den Kreis herum. Wer ist schneller wieder am Startpunkt: Basketball oder Schüler?

Differenzierung/Varianten: Schüler A läuft rückwärts, seitwärts....

Gesprächsanregung für eine Hinführung oder Reflexion: Worauf müssen die Schüler im Kreis, worauf muss Schüler A achten?

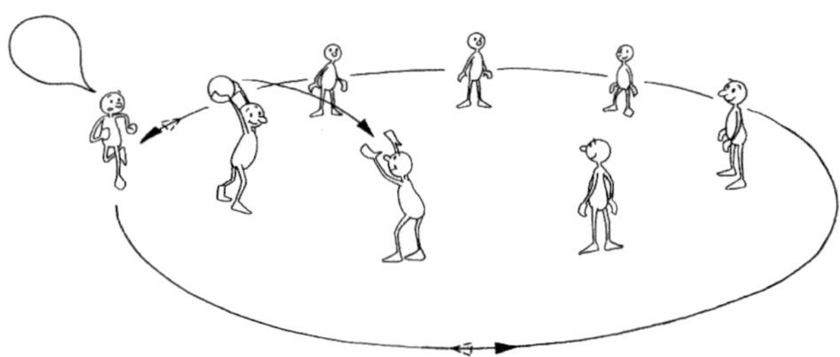

Wer schafft 10, 20 oder sogar 30 Pässe?

Zwei gleich große Mannschaften bilden. Mannschaft A (ohne Band) versucht sich den Basketball zuzupassen, ohne dass 1. der Ball den Boden berührt und 2. Mannschaft B (mit Band) den Basketball abfängt. Dabei sind Körperberührungen verboten. Wer schafft 10, 20 oder sogar 30 Pässe? Der Lehrer gibt das Startsignal und zählt mit.

Differenzierung/Varianten: Spielfeld oder Spieleranzahl vergrößern oder verkleinern / verschiedene Bälle / nur „Aufsetzer-Druckpässe" sind erlaubt

Gesprächsanregung für eine Hinführung oder Reflexion:
Worauf muss man als Spieler der ballbesitzenden oder gegnerischen Mannschaft achten?

In den Kasten!

Die Schüler versuchen, Papierkugeln, Bälle… in einen kleinen Kasten zu werfen.
Dabei sollten sie die Korbwurf-Technik trainieren!

Differenzierung/Varianten: mit verschiedenen Bällen werfen / in oder gegen verschiedene Gegenstände werfen: Reifen, Kegel… / als Stationslauf anbieten

Gesprächsanregung für eine Hinführung oder Reflexion:
Worauf muss man beim Zielen, Werfen, Korbwurf achten?
Welche Konsequenzen ergeben sich aus den unterschiedlichen Zielen und Wurfgegenständen?

Der Anfänger-Korbwurf

Die Schüler versuchen, Bälle oder Papierkugeln in den Basketballkorb zu werfen. Dabei sollten sie die Korbwurf-Technik trainieren! Sie dürfen sich dabei auch auf einen Kasten stellen.

Differenzierung/Varianten: mit verschiedenen Bällen werfen

Gesprächsanregung für eine Hinführung oder Reflexion:

Worauf muss man beim Zielen, Werfen, Korbwurf achten? Welche Konsequenzen ergeben sich aus den unterschiedlichen Wurfgegenständen?

Mini-Stationslauf

Die Schüler versuchen, an mehreren Stationen mit Basketbällen, aber auch anderen, kleineren Bällen das Zielen, Werfen und den Korbwurf zu trainieren.

Differenzierung/Varianten: /

Gesprächsanregung für eine Hinführung oder Reflexion:

Worauf muss man beim Zielen, Werfen, Korbwurf achten? Welche Regeln müssen beim Stationslauf beachtet werden?

Notizen für eigene Ideen und Co:

Station 1:

Station 2:

Station 3:

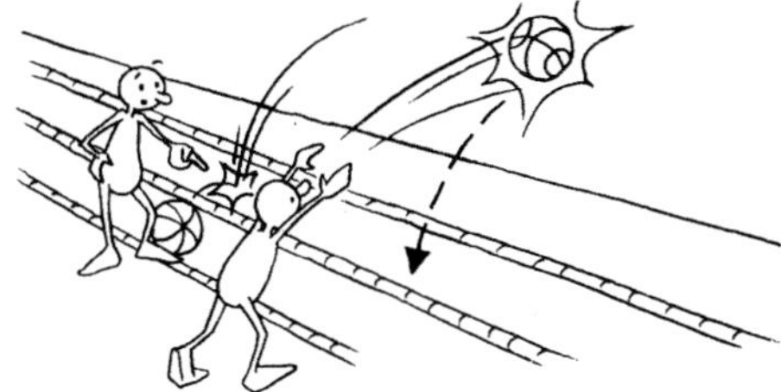

Station 4:

Station 5:

1-2-3-Mattenball

Zwei Mannschaften mit bis zu 6 Spielern spielen gegeneinander. Jeder Spieler bekommt eine Zahl von z.B. 1–6. Spieler 1 bewacht Spieler 1 aus der anderen Mannschaft und umgekehrt, Spieler 2 bewacht Spieler 2 aus der anderen Mannschaft und umgekehrt usw. Nun muss Mannschaft A versuchen, durch Zupassen des Basketballs von Spieler 1, über Spieler 2, über 3… über 6, über Spieler 1 usw. zur gegnerischen Matte (liegen unter den Körben) zu gelangen. Dort muss ein Spieler den Basketball per Aufsetzer auf die Matte werfen (= Treffer). Welche Mannschaft hat als erste drei Treffer erzielt? Körperberührungen sind verboten! Schüler der gegnerischen Mannschaft dürfen den Ball abfangen. Mit Ball darf man nur drei Schritte gehen.

Differenzierung/Varianten: ohne Pass-Reihenfolge / Basketball muss nur auf Matte gelegt werden / mit Dribbling

Gesprächsanregung für eine Hinführung oder Reflexion:
Worauf müssen Bewacher und deren Gegenspieler achten?

Druckpass-Pärchen

Zwei bis drei Mannschaften mit je 8, 10 oder 12 Spielern stellen sich in gleicher Höhe an eine Hallenwand nebeneinander auf. Je zwei Spieler einer Mannschaft stellen sich mit ca. zwei Meter Abstand gegenüber auf. Die anderen Pärchen einer jeden Mannschaft stellen sich genauso dahinter auf. Jedes Pärchen hat einen Ball. Auf ein Startsignal des Lehrers passen sich die Pärchen ihren Ball per Druckpass zu. Das erste Pärchen umläuft seitlich die eigenen Pärchen und stellt sich vorne wieder auf und ruft laut: „Wir sind da!" Erst dann läuft das nächste Pärchen der Mannschaft. Die Mannschaft, die zuerst die andere Hallenwand erreicht, hat gewonnen. Stehende Pärchen passen sich den Ball ständig zu.

Differenzierung/Varianten: Aufsetzer-Druckpass / beim Umlaufen Ball dribbeln

Gesprächsanregung für eine Hinführung oder Reflexion:
Wie kann man das Spiel noch spannender machen?

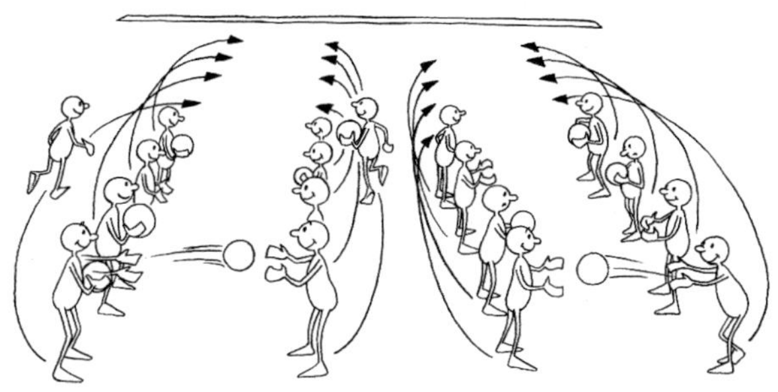

Basketball-Parcours

Verschiedene Großgeräte werden hintereinander aufgebaut: Langbank, großer Kasten, Weichbodenmatte…. Es werden zwei Mannschaften gebildet: A und B. 4–8 Spieler von A stellen sich mit einem Basketball seitlich neben die Großgeräte, die restlichen Spieler von A stellen sich vor den Parcours. Jede Mannschaft hat 5 Punkte. Nun laufen, balancieren und klettern die Spieler von A nacheinander über die Großgeräte und bekommen zwischendurch von ihren Mitspielern an der Seite einen Basketball zugeworfen, den sie wieder zurückwerfen. Fällt der Basketball zu Boden, wird ein Punkt abgezogen. Jeder Spieler, der den Parcours durchlaufen hat, stellt sich wieder hinten bei seinen Mitspielern an. Wie viele Spieler durchlaufen den Parcours, bis Mannschaft A 0 Punkte hat? Nun ist Mannschaft B an der Reihe. Wer hat am Ende mehr Spieler, die den Parcours durchlaufen haben? Achtung: Kasten durch Weichbodenmatten seitlich absichern!

Differenzierung/Varianten: Die gesamte Klasse spielt zusammen. Wie viele Schüler durchlaufen den Parcours, bis die Klasse 0 Punkte hat?

Gesprächsanregung für eine Hinführung oder Reflexion:
Wann sollte man den Basketball passen und wann fangen?

Basketball-Retter:

Der Lehrer sucht einen freiwilligen Jäger aus. Die restlichen Schüler fliehen. Sie können aber nicht gefangen werden, sobald sie einen Basketball festhalten. Die Schüler dürfen sich die Bälle zuwerfen. Fängt der Jäger jedoch ein Kind ohne Ball, wird dieser Schüler zum nächsten Jäger. Bei Spieleinführung „Aufsetzer-Druckpässe“ oder Softbälle benutzen.

Differenzierung/Varianten: Anzahl der Bälle oder Jägeranzahl verändern

Gesprächsanregung für eine Hinführung oder Reflexion:
Worauf müssen Ballfänger und Ballwerfer achten? Und worauf Jäger. Was passiert bei Änderung des Spielfeldes, der Regeln usw.?

Basketball-Kreisel

Alle Schüler stellen sich im Kreis auf. Jeder zweite Schüler erhält ein Band: mit Band = Mannschaft A, ohne Band = Mannschaft B. Jede Mannschaft erhält einen Basketball. Und passt sich den Basketball zu Beginn reihum in entgegengesetzter Richtung als „Aufsetzer-Druckpass“, in späteren Spielrunden als Druckpass zu. Welche Mannschaft verliert zuerst die Kontrolle über den Basketball? Oder welche Mannschaft schafft es zuerst, den Basketball 5 Runden kreisen zu lassen?

Differenzierung/Varianten: Zwei sich im Kreis gegenüberstehende Gegenspieler haben zu Beginn je einen Basketball. Auf ein Startsignal des Lehrers passen sich beide Mannschaften reihum im Uhrzeigersinn den Basketball zu. Welcher Ball überholt zuerst den gegnerischen Basketball?

Gesprächsanregung für eine Hinführung oder Reflexion:
Worauf muss man beim Passen achten? Und was dürfen gegnerische Spieler tun bzw. nicht tun?

Brett-Basketball:

Zwei gleich große Mannschaften versuchen nach den Basketball-Grundregeln den Basketball gegen das Brett oder den Ring des Korbes zu werfen (= 1 Punkt) oder in den Korb zu werfen (= 2 Punkte). Welche Mannschaft hat zuerst 10 Punkte? Oder welche Mannschaft hat nach 10 Minuten die meisten Punkte?

Differenzierung/Varianten: 2–5 Spieler bilden eine Mannschaft, sodass es insgesamt 4, 6 oder 8 Mannschaften gibt.

Gesprächsanregung für eine Hinführung oder Reflexion:
Worauf muss man beim Werfen achten, wenn man einen Korbtreffer erzielen will?

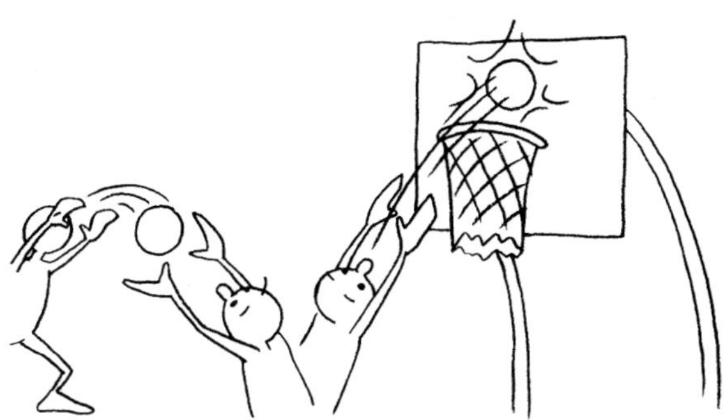

Die Mauer muss weg!

Zwei Weichbodenmatten werden mithilfe des Lehrers zwischen drei großen Kästen aufgestellt. Nun versuchen zwei Mannschaften A und B, die Matten mithilfe von Medizinbällen und Basketbällen umzuwerfen. Dabei dürfen sie eine Abstandslinie (Hallenbodenlinie oder Seilchen) beim Werfen nicht übertreten. Welche Mannschaft wirft eine oder sogar beide Matten um?

Differenzierung/Varianten: mehrere Matten, auch kleine Matten aufstellen / Die gesamte Klasse versucht, die Matten so schnell wie möglich umzuwerfen.

Gesprächsanregung für eine Hinführung oder Reflexion: Worauf muss man beim Werfen und Wiederholen der Bälle achten?

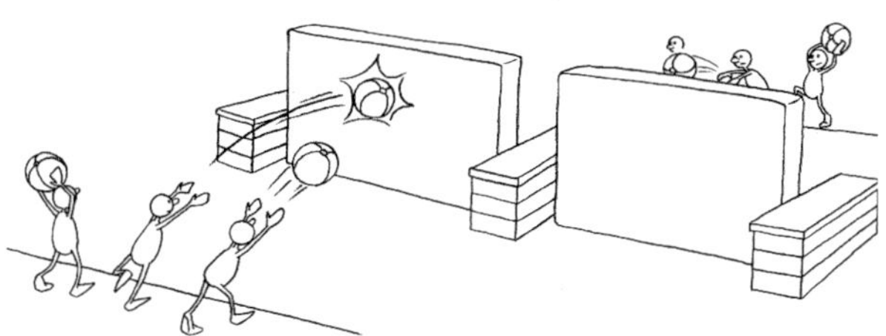

Reaktionsball

Die Schüler stellen sich im Kreis auf und passen sich zwei Basketbälle reihum zu.
In der Mitte steht der Lehrer oder ein Schüler und prellt einen Basketball auf den Boden. Sobald er damit aufhört, rennen die ballbesitzenden Schüler in die Mitte und legen ihren Ball in den kleinen Kasten. Der schnellere Schüler tauscht mit dem Lehrer bzw. Schüler in der Mitte und darf nun den Basketball auf den Boden prellen, während sich die Schüler im Kreis wieder zwei Basketbälle reihum zupassen.
Differenzierung/Varianten: 3 Basketbälle im Kreis zupassen/ mehrere Spielkreise mit je 6–10 Schülern in der Halle bilden
Gesprächsanregung für eine Hinführung oder Reflexion:
Wie kann man das Spiel noch spannender, rasanter machen? Wie kann man daraus ein Mannschaftsspiel machen?

Kasten-Basketball

4 große, offene Kästen werden in die Hallenecken als „Tore" gestellt. Alle Kästen werden mit vielen verschiedenen Bällen, auch Basketbällen gefüllt. Zwei Kästen gehören Mannschaft A (= mit Band) und sind mit einem Hütchen gekennzeichnet und die zwei anderen Kästen gehören Mannschaft B (= ohne Band). Die Mannschaften versuchen nun ohne Dribbling, nur durch Zupassen, die Bälle in die gegnerischen Kästen zu werfen. Wer hat als Erstes einen eigenen Kasten oder beide eigenen Kästen leer geräumt? Wichtig: Jeder Spieler darf nur einen Ball halten.
Differenzierung/Varianten: Dribbling ist erlaubt. / Man spielt nur mit 1–4 Basketbällen. Jeder Kastentreffer zählt einen Punkt. Wer hat nach 5 Minuten die meisten Punkte?
Gesprächsanregung für eine Hinführung oder Reflexion: Worauf muss man bei diesem Spiel besonders achten, um zu gewinnen?

Aufsetzer-Kasten-Basketball

2 große, offene Kästen werden in die Torhalbkreise als „Tore“ gestellt. Die Mannschaften A und B versuchen nun mit Dribbling oder durch Zupassen, den Basketball in den gegnerischen Kasten als Aufsetzer zu werfen. Jeder Kastentreffer zählt einen Punkt. Wer hat nach 5 Minuten die meisten Punkte?

Differenzierung/Varianten: Dribbling ist nicht erlaubt. / Man spielt nun mit 2–4 Basketbällen. Jeder Kastentreffer zählt einen Punkt. Wer hat nach 5 Minuten die meisten Punkte? / Der Torhalbkreis darf nicht betreten werfen.

Gesprächsanregung für eine Hinführung oder Reflexion:
Worauf muss man bei diesem Spiel besonders achten, um zu gewinnen?

Reifen-Basketball

Zwei gegnerische Mannschaften A und B (= mit und ohne Band) versuchen durch Dribbeln und Zupassen den Basketball in den Reifen zu werfen, der jeweils von einem Mitspieler gehalten wird. Diese zwei „Reifen-Halter" stehen am Kopfende und außerhalb der Spielfläche (z.B. Volleyballfeld). Wer hat nach 5 Minuten die meisten Punkte?

Differenzierung/Varianten: mehrere Basketbälle / Dribbling verboten! / Die zwei „Reifen-Halter" dürfen sich entlang der Kopflinie bewegen.

Gesprächsanregung für eine Hinführung oder Reflexion:
Worauf muss der jeweilige „Reifen-Halter" achten? Wie kann man das Spiel noch spannender, rasanter machen?

Stand-Basketball

Zwei gegnerische Mannschaften A und B (= mit und ohne Band) versuchen nur durch Zupassen, den Basketball gegen das Brett oder den Ring (= 1 Punkt) oder in den Korb (= 2 Punkte) zu werfen. Jeder Spieler steht in einem Reifen, kann sich also nur begrenzt bewegen. Geht der Ball beim Passen verloren, erhält die andere Mannschaft den Basketball. Wer hat nach 5 Minuten die meisten Punkte?

Differenzierung/Varianten: mehrere Basketbälle / Wenn man den Basketball nicht hält, darf man den Reifen anheben und mit ihm und in ihm gehen, nicht rennen! Man darf nur angespielt werden, wenn der Reifen ruhig auf dem Boden liegt. Mehrere Reifen dürfen sich nicht berühren.

Gesprächsanregung für eine Hinführung oder Reflexion: Worauf muss man beim Passen und Fangen achten? Wie können die Gegner stören?

Einführung der Hallenfußballregeln in der Grundschule:

Ziel ist es, den Fußball in einen kleinen Kasten oder durch zwei Hütchen oder gegen eine Matte (bei mehreren Spielfeldern) oder in ein Handballtor oder in ein Fußballtor zu schießen. Jeder Treffer zählt als ein Tor. Später können Sie typische Fußball-Regeln einführen, die auch für das Spielen auf einem Rasen-Kleinfeld gelten.

Für Anfänger:

1. Wenig Dribbling bzw. keine Alleingänge! Mind. 3 verschiedene oder alle Spieler einer Mannschaft sollten den Fußball vor einem Torschuss berührt haben. So werden alle Spieler am Spiel beteiligt.
2. Ein Spieler darf den Fußball nicht absichtlich mit der Hand berühren. Nur der Torwart darf das. Ballabgabe bzw. Freistoß bei Regelübertretung!
3. Ein Gegenspieler darf nicht gefoult werden. Ein Foul wird mit Freistoß für die andere Mannschaft bestraft.
4. In der Halle darf über Bande (die Hallenwände) gespielt werden. Es gibt also in der Halle keine Seiten- und Torauslinie.
5. Nach einem Tor darf der Torwart den Fußball sofort wieder ins Spiel bringen, es gibt also keinen Anstoß am Mittelpunkt.

Für Fortgeschrittene:

1., 2., 3., 4., 5. wie oben für Anfänger

6. Wird ein Spieler im gegnerischen Strafraum gefoult oder wird der Fußball von einem abwehrenden Spieler absichtlich im Strafraum mit der Hand berührt, gibt es einen Strafstoß aus 7 Metern für die andere Mannschaft.

Weitere typische Fußballregeln, die Sie nach und nach einführen können:

a) 5 Spieler + 1 Torwart + 0–5 Auswechselspieler pro Mannschaft
b) Bei Spielbeginn und nach Torerfolg: Anstoß ist am Mittelpunkt.
c) Verlässt der Fußball das Spielfeld, erhält die Mannschaft einen Einwurf, die ihn nicht zuletzt berührt hat. Beim Einwurf wird der Fußball mit beiden Händen von hinten über den Kopf geworfen.

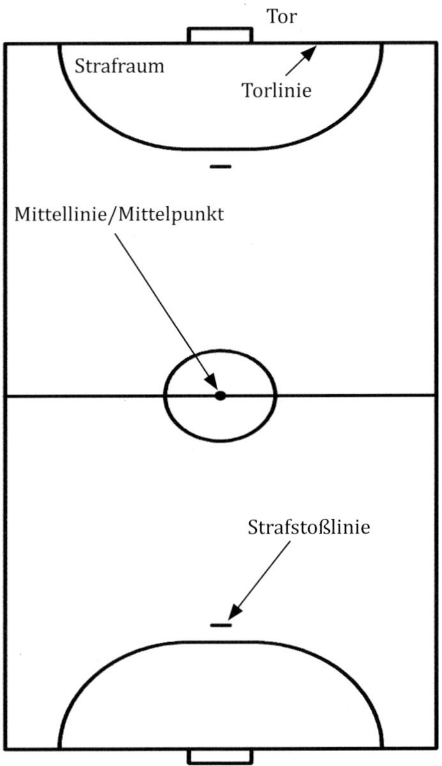

Sicherheitshinweis: Die Schüler sollten immer mit weichen Bällen spielen, z.B. Softbällen.

Dribbeln, Passen und Stoppen

1. Beim Dribbeln oder Passen sollte der Fußball mit der Innenseite des Fußes halbhoch getroffen werden. Mit der Fußinnenseite kann man die Passrichtung bestimmen oder den Fußball am Fuß führen und halten. Der Oberkörper sollte etwas über dem Fußball gebeugt sein. Hoppelnde Bälle werden so vermieden.
2. Man stoppt den Fußball mit leicht schräg zum Ball angewinkelter Fußinnenseite, und der Oberkörper sollte wieder etwas über dem Fußball gebeugt werden.

Torschuss

1. Beim Torschuss nimmt der Schüler Anlauf und schießt mit der Fußinnenseite gegen den Fußball. Wenn der Fußball nach oben fliegen soll, sollte man ihn unten treffen und den Oberkörper etwas nach hinten legen. Wenn der Fußball flach fliegen oder rollen soll, sollte man ihn halbhoch oder noch höher treffen und beim Schuss den Oberkörper über den Fußball beugen.
2. Mit der Fußoberseite kann man den kräftigen Vollspannschuss üben.

Hütchenschießen

Die Schüler schießen den Fußball mit Anlauf gegen 3 Kegel, die auf einer Langbank stehen. Wer schießt die meisten Hütchen mit drei Schüssen um?

Differenzierung/Varianten: mit verschiedenen Bällen / Schuss nach Dribbling

Gesprächsanregung für eine Hinführung oder Reflexion:
Worauf muss man achten, wenn man schießt? Wie kann man daraus ein Mannschaftsspiel machen?

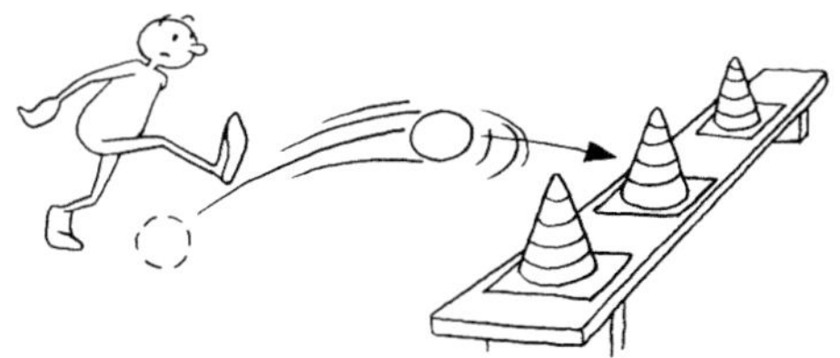

Vollspann-Hängeschuss

Schüler A hängt an Ringen. Schüler B wirft ihm einen Fußball zu, den Schüler A mit einem Vollspannschuss zurückschießt.

Differenzierung/Varianten: Wer schießt am weitesten? / verschiedene Bälle

Gesprächsanregung für eine Hinführung oder Reflexion:
Worauf muss man achten, wenn man schießt? Wie kann man die Übung noch spannender machen?

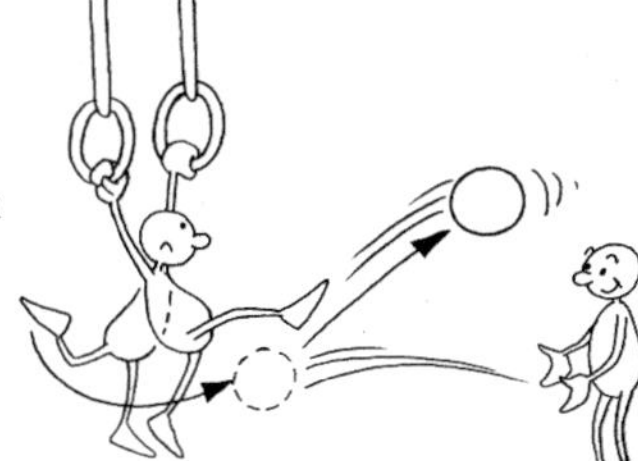

Slalomlaufen

Die Schüler dribbeln mit dem Fußball um Kästen, Fahnenstangen, Medizinbälle oder Hütchen hin und zurück.

Differenzierung/Varianten: mit verschiedenen Bällen / linker Fuß, rechter Fuß, vorwärts, rückwärts, seitwärts laufen.... / Mehrere Mannschaften dribbeln mit ihrem Fußball durch ihren Slalomparcours hin und zurück. Die Mannschaft hat gewonnen, deren Spieler als Erstes alle einmal gelaufen sind.

Gesprächsanregung für eine Hinführung oder Reflexion:
Worauf muss man beim Dribbeln und den Dribbelvarianten achten?

Torschuss

Die Schüler laufen und dribbeln mit dem Fußball in der Hallenmitte. Zwischendurch schießen sie ihren Fußball gegen die Wand, gegen eine Matte oder in ein Tor.

Differenzierung/Varianten: mit verschiedenen Bällen / linker Fuß, rechter Fuß, vorwärts, rückwärts, seitwärts laufen.... / verschiedene Schusstechniken ausprobieren: mit Innenrist, Vollspann, Außenrist, Picke......

Gesprächsanregung für eine Hinführung oder Reflexion:
Worauf muss man beim Durcheinanderlaufen und Schießen achten?

Hochhalten

Jeder Schüler versucht, seinen Fußball lange hochzuhalten, indem er den Ball auf dem Oberschenkel, Vollspann... mehrfach ticken lässt. Wer schafft es, den Fußball 5-, 10- oder sogar 20-mal hochzuhalten?

Differenzierung/Varianten: mit verschiedenen Bällen / nach jedem Ticken den Fußball festhalten und wieder fallen lassen

Gesprächsanregung für eine Hinführung oder Reflexion:
Worauf muss man achten, wenn man mit dem Hochhalten beginnt, wenn man den Fußball auf Oberschenkel oder Vollspann ticken lässt?

Kopfball

Partnerweise werfen sich die Schüler einen Fußball zu, der vom anderen Schüler zurückgeköpft wird.

Differenzierung/Varianten: verschiedene Bälle, Entfernungen, Ballflugbahnen / Die Schüler köpfen den Fußball hin und her.

Gesprächsanregung für eine Hinführung oder Reflexion:
Worauf muss man beim Köpfen achten? Wie kann man die Übung noch spannender machen?

Abschießen

In einem begrenzten Spielfeld versucht ein Jäger, andere Schüler mit einem Softball abzuschießen. Dabei zählen nur „Beintreffer". Abgeschossene Spieler setzen sich ins Außenfeld und können nur von Spielern berührt werden, und somit wieder mitspielen, die selbst zuvor noch nicht abgeschossen worden sind.

Differenzierung/Varianten: zwei Jäger / keine Spielfeldbegrenzung

Gesprächsanregung für eine Hinführung oder Reflexion:
Worauf muss man als Jäger achten?

Sitzfußball

6–10 Schüler sitzen im Kreis und schießen sich einen Fußball zu. Wie viele Pässe gelingen, bis der Ballfluss ins Stocken gerät? Lautes Mitzählen ist erlaubt!

Differenzierung/Varianten: Sitzfußballspiel: Die Spieler von zwei Mannschaften (A mit und B ohne Band) verteilen sich in der Halle und setzen sich hin. Beide Mannschaften versuchen durch Zupassen des Fußballs im Sitzen ein Tor zu erzielen. Evtl. ist auch der „Vierfüßer-Krebsgang" erlaubt, um sich fortbewegen zu können.

Gesprächsanregung für eine Hinführung oder Reflexion: Worauf muss man beim Passen und Stoppen des Fußballs achten?

Im Kreis herum

Alle Schüler fassen sich im Kreis an die Hände oder fassen ein zusammengeknotetes Seil im Kreis an. Im Uhrzeigersinn gehen die Schüler im Kreis und schießen sich dabei einen Fußball zu. Wie viele Pässe gelingen, bis der Fußball aus dem Kreis rollt?

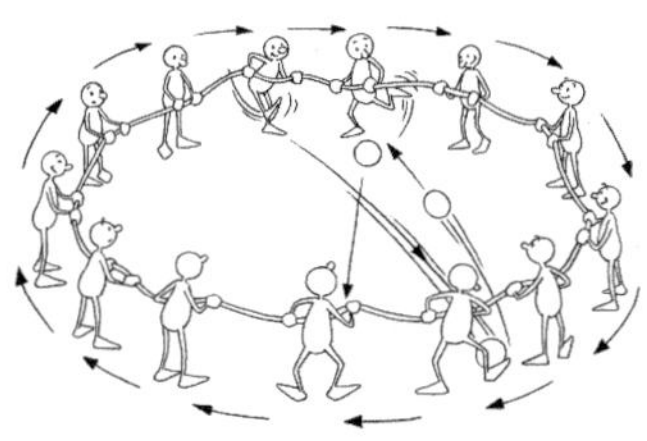

Differenzierung/Varianten: 1 Balljäger in der Kreismitte / mehrere Bälle / Kreis dreht sich nicht

Gesprächsanregung für eine Hinführung oder Reflexion: Worauf muss man achten, wenn man sich bewegt und gleichzeitig schießen muss?

Hand-Fußball

Zwei Mannschaften spielen gegeneinander. Die Tore können kleine Kästen oder Hütchentore sein. Der Fußball wird mit der Hand gestoppt und dann mit dem Fuß zugepasst oder geschossen. Wer beim Anhalten des Fußballs mit der Hand die andere Hand hochhebt, darf nicht angegriffen werden.

Differenzierung/Varianten: /

Gesprächsanregung für eine Hinführung oder Reflexion:

Worauf muss man beim Anhalten des Fußballs achten: Angreifer und Abwehrspieler?

Kegelschießen

Die Schüler schießen im Abstand von 4–6 Metern den Fußball mit Anlauf gegen neun Kegel. Wer schießt die meisten Kegel mit drei Schüssen um? Oder wie viele Schüsse brauchen die Schüler, um alle Kegel umzuschießen?

Differenzierung/Varianten: mit verschiedenen Bällen / Kegelanzahl verändern / es müssen bestimmte Kegel umgeschossen werden / Schuss nach Dribbling / verschiedene Schusstechniken ausprobieren: mit Innenrist, Vollspann ...

Gesprächsanregung für eine Hinführung oder Reflexion: Worauf muss man achten, wenn man schießt? Wie kann man daraus ein Mannschaftsspiel machen?

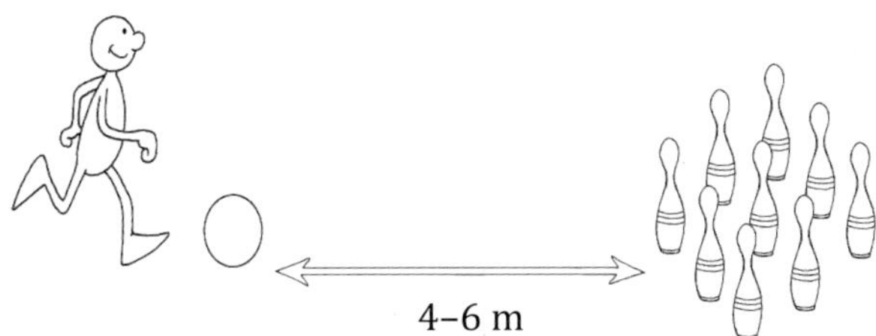

Langbank-Ball

Vier Langbänke stehen auf vier kleinen Kästen und bilden ein Quadrat. Hinter jeder Langbank steht ein Spieler mit 1–4 Bällen. Auf ein Startsignal des Lehrers müssen die Spieler versuchen, ihre Bälle gegen den Basketball in der Mitte zu schießen, sodass der Basketball in ein gegnerisches Langbank-Tor rollt, z.B. ins Tor von Spieler A. Spieler B, C und D erhalten einen Punkt und der Basketball wird wieder in die Mitte gelegt. Wer hat als Erster 5 Punkte?

Differenzierung/Varianten: Medizinball in die Mitte legen / mehrere Spieler stehen hinter einer Langbank

Gesprächsanregung für eine Hinführung oder Reflexion:
Wann sollte man schießen und worauf muss man dabei achten? Kann man daraus ein Mannschaftsspiel machen?

Notizen für eigene Ideen und Co:

Kegel-Fußball

Zwei Mannschaften (A mit und B ohne Band) stehen in zwei Spielfeldern (= Völkerballfeld bzw. Volleyballfeld). Sie versuchen, alle Kegel der gegnerischen Mannschaft, die auf einer Linie stehen, umzuschießen. Gewonnen hat die Mannschaft, der das als Erste gelingt.

Differenzierung/Varianten: Kegelanzahl verändern / Ballanzahl verändern / auf Zeit spielen / Jeder Schüler besitzt einen eigenen Kegel, der nicht umgeschossen werden darf und stellt sich damit an eine beliebige Stelle in der Halle. Fällt der eigene Kegel um, scheidet der Spieler aus. Die letzten 6 Spieler haben gewonnen.

Gesprächsanregung für eine Hinführung oder Reflexion:
Worauf muss man beim Schießen achten?
Was passiert, wenn man die Regeln oder das Spielfeld ändert?

Schieß in den Kasten

Vier Mannschaften stehen hinter den Außenlinien des Volleyballfeldes. In der Mitte stehen vier offene Kastenteile und davor ein kleiner Gegenstand: Dose, Säckchen oder Ball. Auf ein Startsignal des Lehrers läuft jeweils ein Schüler eine Runde, um danach den Gegenstand in den eigenen Kasten zu schießen. Gelingt das nicht innerhalb von drei Versuchen, legt der Schüler den Gegenstand wieder vor den Kasten und der nächste Schüler der eigenen Mannschaft darf eine Runde laufen und schießen. Gelingt es, erhält die Mannschaft einen Punkt, der Schüler legt den Gegenstand wieder zurück und der nächste Schüler läuft los. Die Mannschaft, die zuerst 5 Treffer erzielen konnte, hat gewonnen.

Differenzierung/Varianten: mehrere Gegenstände müssen in den eigenen Kasten geschossen werden, bis alle drin sind / die Kästen oder Gegenstände haben verschiedene Punktzahlen

Gesprächsanregung für eine Hinführung oder Reflexion:
Worauf muss man beim Anheben des Gegenstandes mit dem Fuß achten?

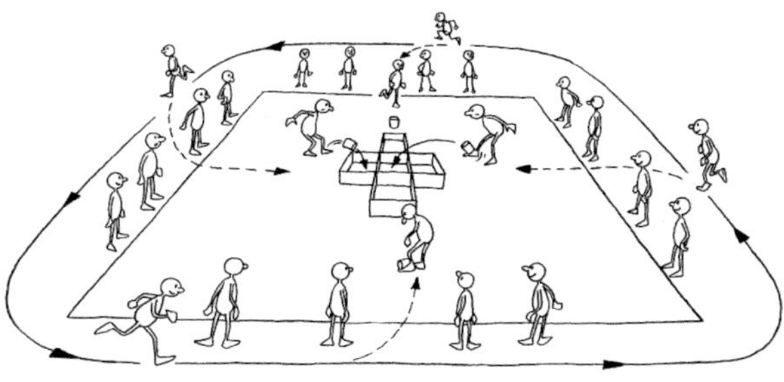

Würfel-Fußball

Zwei Mannschaften spielen Fußball mit einem Schaumstoffwürfel. Jede Mannschaft hat ein oder zwei Tore (Kastenteile, Hütchentore, Handballtore). Wird ein Tor erzielt, erhält die treffende Mannschaft die auf dem Würfel im Tor angezeigte Augenzahl als Punkte. Welche Mannschaft hat zuerst 10, 15 oder 20 Punkte?

Differenzierung/Varianten: ohne Tore, die gesamte schmale Hallenseite zählt als Trefferfläche. Bei gerader Augenzahl darf die Mannschaft A, bei ungerader Augenzahl die Mannschaft B schießen.

Gesprächsanregung für eine Hinführung oder Reflexion:
Welche Unterschiede gibt es zwischen Würfel und Ball beim Spielen?

Einführung der Handballregeln in der Grundschule:

Ziel ist es, den Handball gegen Matten (bei mehreren Spielfeldern) oder in das Handballtor zu werfen. Jeder Treffer zählt 1 Punkt. Später können Sie typische Handball-Regeln einführen (s. unten).

Für Anfänger:

1. Kein Dribbling! Dribbling wird mit Ballabgabe an die andere Mannschaft „bestraft". So werden alle Spieler am Spiel beteiligt.
2. Ein Spieler darf fünf Schritte mit dem Handball machen. Ballabgabe an die andere Mannschaft bei Regelübertretung!
3. Ein Gegenspieler darf nicht berührt werden. Ein Foul wird mit Punkt für die andere Mannschaft bestraft.
4. Der Torkreis und Linie darf von Feldspielern nicht betreten werden.

Für Fortgeschrittene:

1. Dribbling ist erlaubt.
2. Feldspieler dürfen Torkreis nicht betreten!
3. Vor dem Wurf auf das Tor müssen drei oder sogar alle Mitspieler den Ball in den Händen gehalten haben.
4. Ein Spieler darf höchstens drei Schritte mit dem Handball machen. Ballabgabe bei Regelübertretung!
5. Ein Gegenspieler darf berührt werden. Aber: Ein Foul (Stoßen, Halten, Schlagen…) wird mit Ballabgabe an die andere Mannschaft und evtl. Straf-Auszeit für den „Täter" von 2 Minuten bestraft.

Weitere typische Handballregeln, die Sie nach und nach einführen können:

a) 6 Feldspieler + 1 Torwart + 0–7 Auswechselspieler pro Mannschaft
b) Der Ball darf nur einmal mit beiden Händen festgehalten, drei Sekunden gehalten und mit gesamten Körper berührt werden, außer dem Bereich unterhalb des Knies. Ballabgabe bei Regelübertretung!
c) Nur der Torwart darf sich im „eigenen Torkreis" aufhalten. Die Regeln unter b) gelten für den Torwart nicht!
d) Foul bei klarer Torchance = Strafwurf bzw. 7 m -Wurf für Angreifer

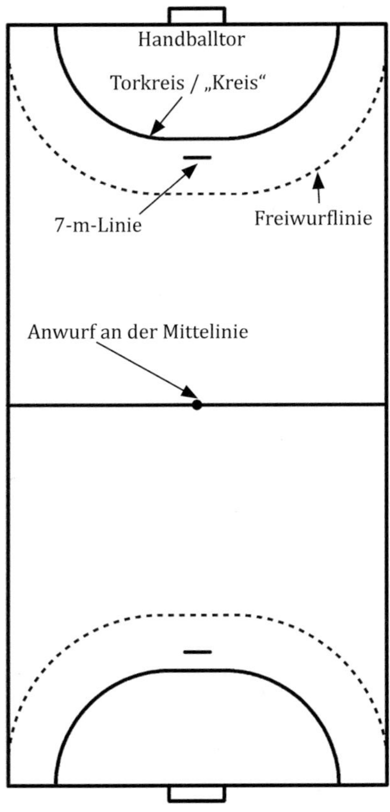
Handballtor
Torkreis / „Kreis“
7-m-Linie
Freiwurflinie
Anwurf an der Mittelinie

Dribbeln

1. Die Hand wie eine Schüssel formen und den Handball nach unten drücken.
2. Der Handball prellt auf den Boden und wieder nach oben.
3. Dabei federn Hand und Unterarm mit dem Handball etwas nach oben nach (siehe auch Dribbeln beim Basketball S. 10).

Passen und „Schlagwurf/Stemmwurf“

1. Beim Passen wird der Handball mit der Wurfhand nach hinten geführt, das Gegenbein steht vorne, mit der anderen wird gezielt und mit einer zügigen Armbewegung wird der Handball nach vorne und gerade abgeworfen.
2. Beim Schlagwurf macht der Spieler zuvor drei Schritte, um den Handball kräftiger und schneller werfen zu können. Der Schlagwurf ist auch ein Torwurf.

Fangen

1. Beim Fangen werden die Hände vor der Brust gehalten und die Handinnenflächen zeigen nach vorne, die Daumen zeigen schräg nach unten und die Ellbogen stehen seitlich ab.
2. Der Handball wird in Brusthöhe gefangen, wobei die Hände eine Schüssel bilden, die Zeigefinger und Daumen ein Dreieck bilden und mit dem Handball nach hinten federn.

„Sprungwurf" eines Rechtshänders

Ähnlich wie beim Schlagwurf werden vor dem Abwurf drei Schritte gemacht: links – rechts – links. Mit dem letzten Schritt springt man in die Höhe und nach vorne, um über Gegenspieler zu werfen. Der Sprungwurf ist auch ein Torwurf.

„Sprungwurf" eines Linkshänders

Ähnlich wie beim Schlagwurf werden vor dem Abwurf drei Schritte gemacht: rechts – links – rechts. Mit dem letzten Schritt springt man in die Höhe und nach vorne, um über Gegenspieler zu werfen. Der Sprungwurf ist auch ein Torwurf.

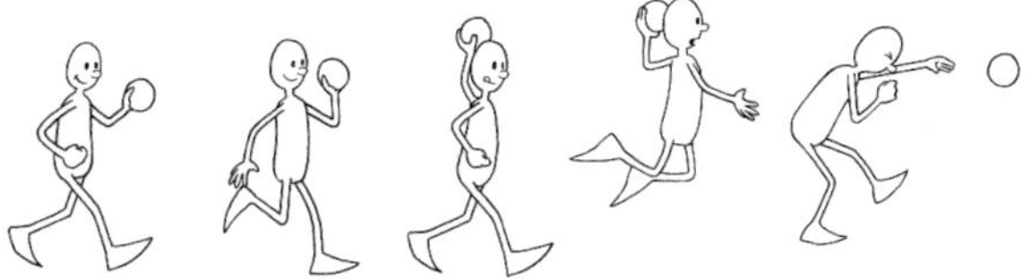

Medizinball- und Hütchen-Treffer

Die Schüler werfen kräftig gegen einen Medizinball oder mehrere Hütchen auf einem hohen Kasten, wobei sie den Schlagwurf trainieren.

Differenzierung/Varianten: mit verschiedenen Bällen / linke Hand, rechte Hand / Abstand zum Ziel verändern

Gesprächsanregung für eine Hinführung oder Reflexion:

Worauf muss man beim Schlagwurf achten?

Kann man daraus ein Spiel machen?

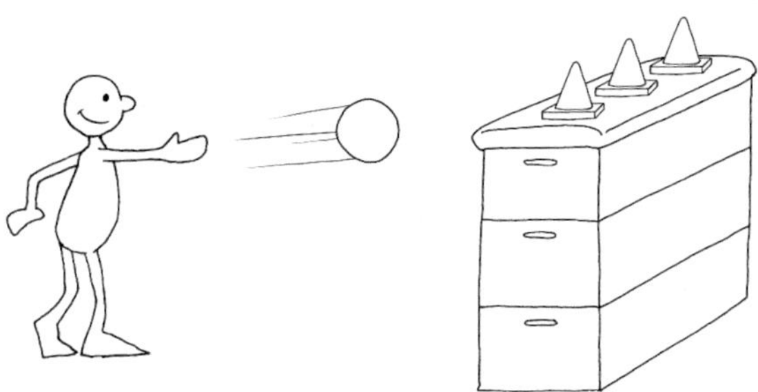

Loch-Treffer

Die Schüler versuchen, Handbälle in Löcher von Hütchen oder durch aufgehängte Reifen zu werfen.

Differenzierung/Varianten: mit verschiedenen Bällen / mit der anderen Hand werfen / Hütchen und Reifen werden bewegt

Gesprächsanregung für eine Hinführung oder Reflexion:
Worauf muss man beim Zielen und Werfen achten?
Wie kann man daraus ein Mannschaftsspiel machen?

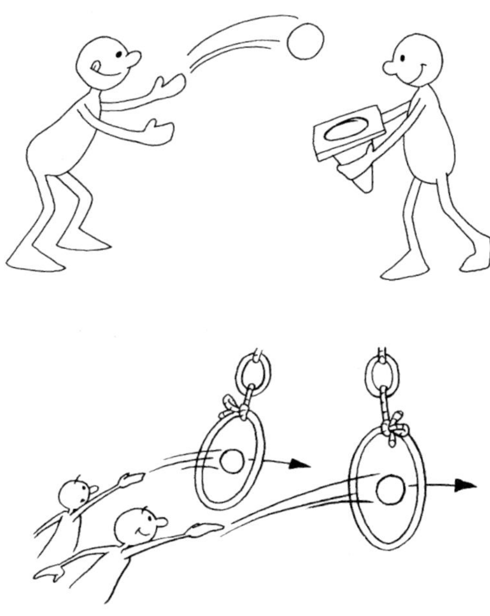

In die Kästen

Die Schüler versuchen, Handbälle in verschiedene Kästen und Kartons zu werfen. Wie oft treffen sie mit 5 Versuchen? Wie viele Versuche brauchen sie, um dreimal zu treffen?

Differenzierung/Varianten: mit verschiedenen Bällen / mit der anderen Hand werfen / Entfernung zu den Kästen verändern / unterschiedliche Positionen der Kästen / Kästen haben verschiedene Punktzahlen (siehe unten)

Gesprächsanregung für eine Hinführung oder Reflexion:
Worauf muss man beim Werfen achten?

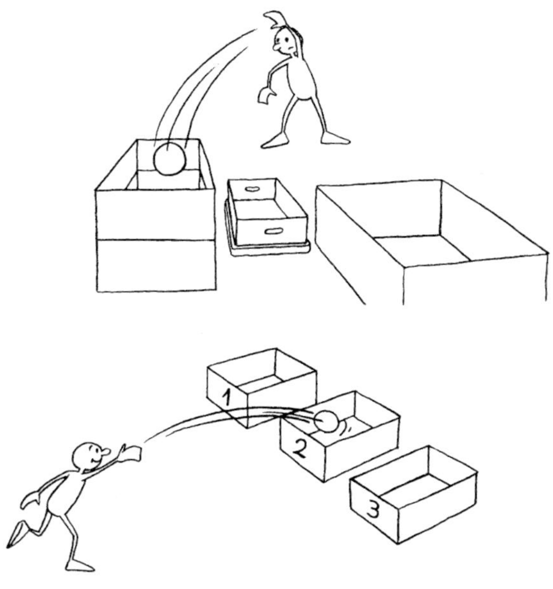

In die Reifen

Die Schüler versuchen, die Handbälle so zu werfen, dass sie in den Reifen liegen bleiben.

Differenzierung/Varianten: mit verschiedenen Bällen / mit der anderen Hand werfen / Entfernung zu den Reifen verändern / unterschiedliche Positionen der Reifen / Reifen haben verschiedene Punktzahlen

Gesprächsanregung für eine Hinführung oder Reflexion:
Worauf muss man beim Werfen achten? Gibt es Unterschiede zum normalen Werfen bzw. Passen?

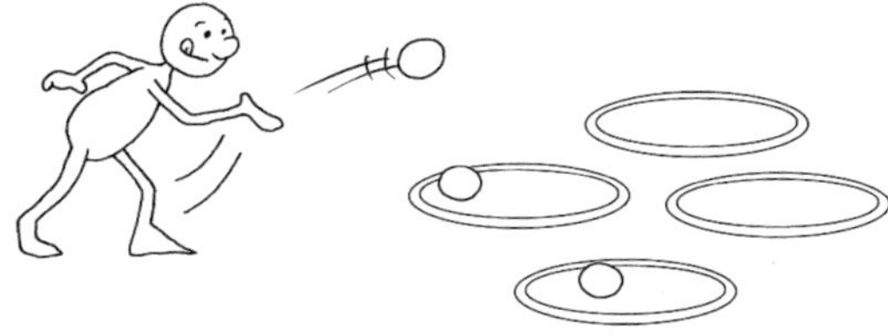

Durch die Taue

Die Schüler versuchen, durch schwingende Taue zu werfen, ohne diese zu berühren. Wie oft schaffen sie es bei 5 Versuchen?

Differenzierung/Varianten: Schwingungen der Taue verändern / sich durch die Taue zu zweit zupassen

Gesprächsanregung für eine Hinführung oder Reflexion:
Worauf muss man beim Werfen achten? Kann man daraus ein Spiel machen?

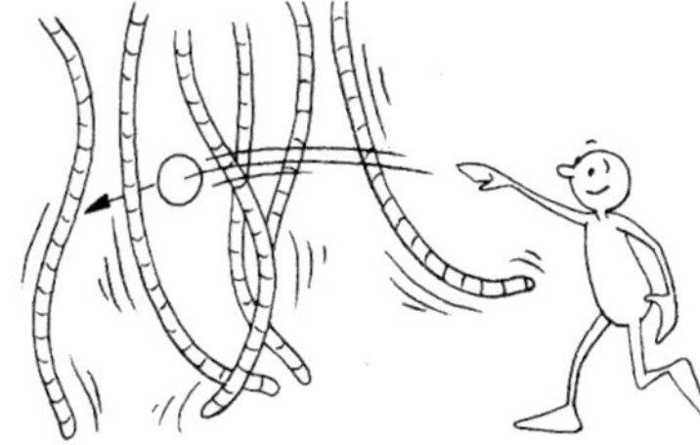

Kreuz und quer

Die Schüler werfen, passen und fangen sich den Handball in verschiedenen Varianten zu: 1. hochwerfen, drehen und wieder fangen, 2. Schlagwurf, 3. Zurollen und aufnehmen, 4. umdrehen und über Kopf blind werfen, 5. im Kreis: hin und her passen, 6. Kunststücke mit dem Handball während des Laufens, 7. durch die Halle dribbeln.

Differenzierung/Varianten: durch die Beine passen / hochwerfen, auf den Boden setzen und wieder fangen / Wie viele Pässe schafft ihr in einer Minute?

Gesprächsanregung für eine Hinführung oder Reflexion: Wie kann man aus der Übung ein Spiel machen? Welche Sicherheitsregeln müssen beachtet werden?

Schnell wie der Wind

1. Übung: Die Schüler bilden Gruppen von mindestens 5 Schülern. Vier Schüler stehen hintereinander, während Schüler A der Vierergruppe gegenüber steht. Schüler A wirft den Handball dem 1. Schüler zu, der den Ball zurückwirft und sich schnell setzt. Schüler A wirft zum 2. Schüler usw., bis alle sitzen. Nun tauscht Schüler A mit dem 1. Schüler die Position und das Werfen, Fangen und Hinsetzen beginnt von neuem, bis alle Schüler der Gruppe einmal vorne standen.
2. Übung: Zwei Gruppen mit je 3–4 Schülern stehen sich gegenüber. Schüler A prellt den Handball einige Meter und wirft den Ball dann zu Schüler B der anderen Gruppe. Schüler A stellt sich bei der anderen Gruppe hinten an. Schüler B prellt den Handball einige Meter in die andere Richtung und wirft zu Schüler C.

Differenzierung/Varianten: Abstände verändern
Gesprächsanregung für eine Hinführung oder Reflexion:
Worauf muss man beim Werfen achten?

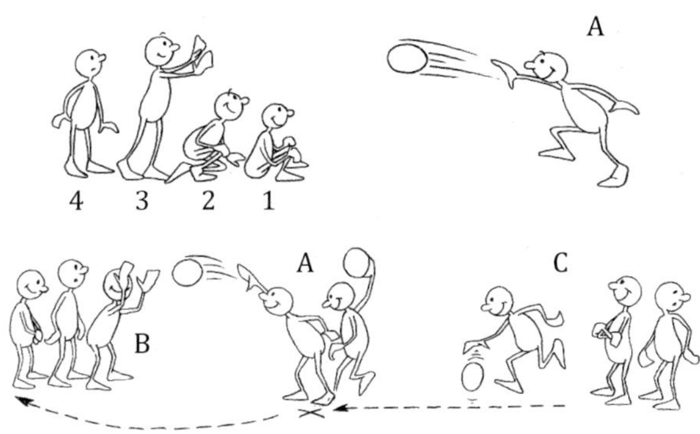

Über Kopf und durch die Beine

Die Spieler von 2–4 Mannschaften stehen hintereinander und transportieren einen Handball über ihre Köpfe oder durch ihre Beine nach hinten. Der letzte Spieler läuft mit Ball nach vorne und gibt den Handball wieder nach hinten weiter. Welche Mannschaft erreicht als erste die andere Hallenwand?

Differenzierung/Varianten: mit verschiedenen Bällen / Bälle seitlich nach hinten geben / im Sitzen spielen

Gesprächsanregung für eine Hinführung oder Reflexion:
Worauf muss man beim Weitergeben des Handballs achten?

Immer enger!

Die Schüler dribbeln ihren Handball, Gymnastikball oder Softball innerhalb eines „Langbank-Quadrats". Wer seinen Ball verliert, scheidet aus. Nach und nach werden zwei gegenüberliegende Bänke von den ausgeschiedenen Schülern immer näher zusammen geschoben, sodass der „Dribbelraum" immer enger wird. Die letzten drei Schüler haben gewonnen.

Differenzierung/Varianten: mit der anderen Hand dribbeln / andere Laufarten: seitwärts, rückwärts....

Gesprächsanregung für eine Hinführung oder Reflexion:
Wie kann man dieses Spiel noch spannender machen?

Pass und lauf!

An den vier Ecken eines Spielfeldes stellen sich 4–6 Schüler hintereinander auf. Die vier ersten Schüler halten einen Handball in den Händen. Auf ein Startsignal des Lehrers passen diese vier Schüler ihren Handball im Uhrzeigersinn zum zweiten Schüler der nächsten Gruppe. Nach dem Pass stellt sich der Passgeber bei der nächsten Gruppe hinten an. Wie viele Pässe gelingen, bis ein Handball verloren geht? Lautes Mitzählen ist erlaubt!

Differenzierung/Varianten: Handballanzahl verringern: nur 1–3 Handbälle / Schüleranzahl in jeder Gruppe verringern: nur 2–3 Schüler / Wurf- und Laufstrecke vergrößern oder verringern

Gesprächsanregung für eine Hinführung oder Reflexion:
Worauf muss man als Passgeber und Fänger achten?
Wie kann man daraus ein Mannschaftsspiel machen?

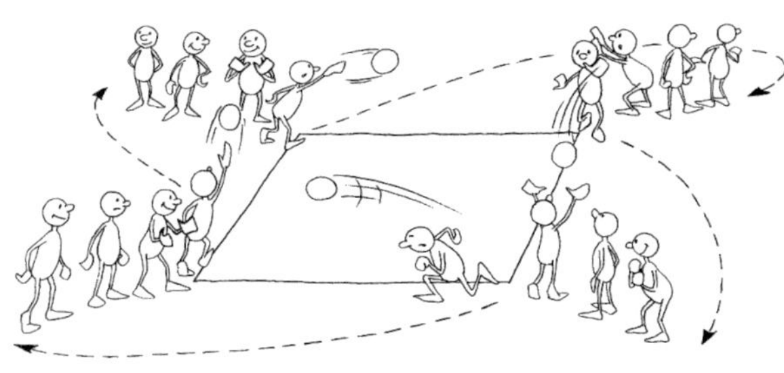

Ball-Jäger

Zwei Schüler sind die Ball-Jäger. Die restlichen Schüler haben jeder einen Ball: Handball, Softball, Gymnastikball... Die Ball-Jäger versuchen nun, den dribbelnden Schülern die Bälle abzujagen. Gelingt dies einem Jäger, wird der Schüler auch zum Jäger und sein Ball wird zur Seite gelegt. Die letzten 5 Schüler mit Ball haben gewonnen.

Differenzierung/Varianten: mit der anderen Hand dribbeln / nur 1 Jäger / Schüler, denen der Ball abgejagt wurde, 1. scheiden aus oder 2. müssen stehen bleiben und warten, bis sie von einem anderen Dribbler berührt werden oder 3. werden zu Jägern, während der Jäger dann zum dribbelnden Schüler wird

Gesprächsanregung für eine Hinführung oder Reflexion: Worauf muss man bei mehreren Jägern achten?

Namensball

Ein Schüler A mit einem weichen Ball, ruft einen Schülernamen und wirft den Ball gerade hoch. Alle Kinder, die im Kreis um Schüler A stehen, laufen weg. Der gerufene Schüler B (hier: Tom) fängt den Ball und ruft: „Stopp!" Alle Schüler müssen stehen bleiben. Schüler B wirft nun einen beliebigen Schüler C ab: Wenn ihm das gelingt, ruft dieser Schüler C in der nächsten Runde einen Schülernamen. Trifft B nicht, muss er einen Schüler laut nennen und den Ball hochwerfen. Kopftreffer zählen nicht!

Differenzierung/Varianten: Die Schüler um A herum müssen wegkrabbeln. / mit zwei weichen Bällen und somit zwei Werfern spielen

Gesprächsanregung für eine Hinführung oder Reflexion:
Worauf müssen die Schüler, die weglaufen bzw. den Ball hochwerfen achten?

König-Beschützer

Mit Seilchen wird ein Kreis mit einem Durchmesser von 6–8 Metern gebildet. 4–6 Schüler (= die König-Beschützer) stehen im Kreis. In der Mitte des Kreises steht der König. Die Angreifer, die außerhalb des Kreises stehen, versuchen nun, mit weichen Bällen den König abzuwerfen. Gelingt ihnen das innerhalb von einer Minute? Die König-Beschützer dürfen die Bälle abwehren. Danach folgt ein Wechsel. Kopftreffer zählen nicht.

Differenzierung/Varianten: Angreiferanzahl, Beschützeranzahl, Spieldauer oder/und Kreisdurchmesser verändern / der König hat mehrere Leben.

Gesprächsanregung für eine Hinführung oder Reflexion:
Worauf müssen Angreifer, Beschützer und der König achten? Kann man daraus ein Mannschaftsspiel machen?

Hütchen-Zielwurf

Die Mannschaften „Rot“ und „Blau“ mit jeweils 3–6 Schülern versuchen, mit Handbällen die vier Hütchen der anderen/eigenen Mannschaft von einem hohen Kasten herunterzuwerfen. Welcher Mannschaft gelingt das zuerst?

Differenzierung/Varianten: Hütchen stehen auf Langbank oder Hallenboden / mit der anderen Hand werfen / Abstände und Anzahl der Hütchen verändern

Gesprächsanregung für eine Hinführung oder Reflexion: Worauf muss man beim Zielen und Werfen achten? Wie kann man das Spiel noch spannender oder rasanter machen? Kann man daraus ein Mannschaftsspiel machen?

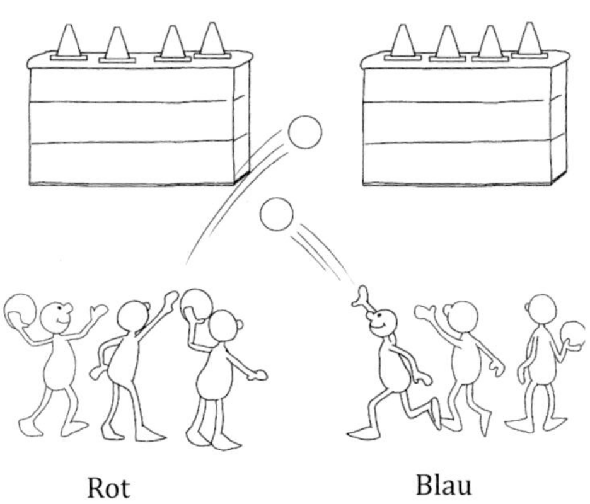

Katzen-ärgert-euch-nicht!

8–15 Schüler bilden einen Kreis und werfen sich einen Handball zu. In der Mitte des Kreises stehen zwei Katzen. Die Katzen versuchen, den Handball abzufangen. Gelingt das einer Katze, tauscht diese mit dem Werfer.

Differenzierung/Varianten: Schüler-, Katzen- oder/und Ballanzahl verändern

Gesprächsanregung für eine Hinführung oder Reflexion:
Worauf müssen Katzen, Werfer und Fänger achten? Wie kann man das Spiel noch spannender oder rasanter machen? Kann man daraus ein Mannschaftsspiel machen?

Medizinball-Rollbahn

2–4 Mannschaften mit je 4–8 Schülern versuchen, ihren Medizinball zum Rollen und schließlich zum Hinunterfallen von zwei Langbänken zu bringen, indem sie nacheinander mit einem Handball oder Gymnastikball auf ihn werfen. Da die jeweiligen zwei, nebeneinander stehenden Langbänke einen Abstand von ca. 30 cm haben, bildet diese Lücke eine „Rollbahn". Welche Mannschaft hat den Medizinball als erste hinten von den Langbänken „geschossen"?

Differenzierung/Varianten: keine Medizinbälle, sondern Basketbälle / mit der anderen Hand werfen / zwei Rollbahnen aus je 4 Langbänken bauen: A gegen B

Gesprächsanregung für eine Hinführung oder Reflexion:
Wo trifft man den Medizinball am besten, damit er weit rollt?

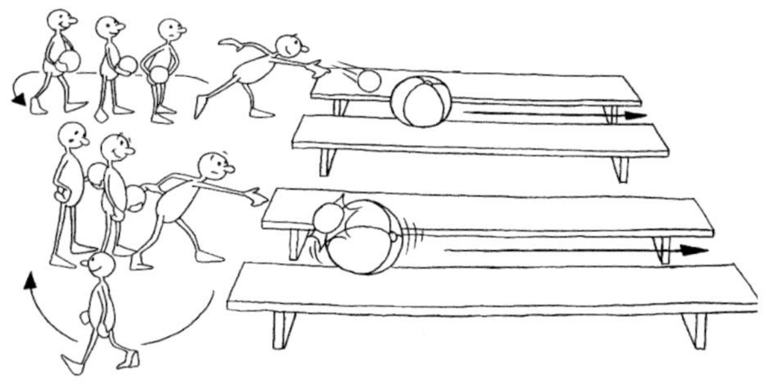

Medizinball-Roller

Hinter zwei Langbänken, die einen Abstand von 8–10 Metern haben, stehen jeweils 4–8 Schüler (Mannschaft A und B). Ein Medizinball wird genau in die Mitte zwischen den Langbänken gelegt. Auf ein Startsignal des Lehrers versuchen nun die Mannschaften, den Medizinball durch gezielte Würfe mit ihren Hand- oder Gymnastikbällen auf die gegnerische Langbank zuzutreiben. Sobald der Medizinball die Langbank von A berührt, hat B gewonnen (und umgekehrt).
Es empfiehlt sich, 2–3 „Langbank-Spielfelder" aufzubauen. So können alle Schüler gleichzeitig spielen.

Differenzierung/Varianten: „Medizinball-Roller-Turnier" / mit verschiedenen Bällen werfen / Langbank-Abstand zueinander verändern

Gesprächsanregung für eine Hinführung oder Reflexion:
Wann sollte man die Handbälle werfen (Reihenfolge, Medizinball nah an Langbank)?

Abschießen

Es werden zwei Mannschaften A und B mit je 8–15 Schülern gebildet. Die Schüler von A versuchen, nacheinander und mit ausreichend Abstand über eine Gerätebahn zu laufen, ohne von den Schülern B mit weichen Bällen abgeworfen zu werden. Gefangene Bälle zählen nicht als Treffer! Haben beide Mannschaften geworfen und sind beide gelaufen, ist ein Durchgang beendet. Welche Mannschaft hat mehr trefferfreie Schüler nach einem, zwei oder drei Durchgängen: A oder B.

Differenzierung/Varianten: mit der anderen Hand werfen / auf allen Vieren krabbeln / Abstand zwischen Bänken und Gerätebahn verändern / jeder Schüler einer Mannschaft läuft so oft, bis 5 Minuten vorbei sind; danach wird gewechselt /

Gesprächsanregung für eine Hinführung oder Reflexion: Wie und wann sollten ein oder mehrere Schüler werfen, damit er oder sie treffen? Worauf müssen die Läufer achten?

Ball-Brückenwächter

2–4 Schüler stellen sich auf die Mittellinie (= Brückenwächter). Die restlichen Schüler stellen sich vor eine schmale Hallenwand. Der Lehrer nennt nun Schüler mit bestimmten Merkmalen, die von der einen Hallenwand zur anderen rennen sollen, bis kein Schüler mehr vor der einen Hallenwand steht, z.B.: „Es rennen zuerst alle Kinder mit schwarzen T-Shirts!" Die Brückenwächter dürfen sich nur seitwärts auf der Linie bewegen, um die Schüler mit weichem Ball abzuwerfen. Vom Brückenwächter getroffene Schüler werden auch zu Brückenwächtern und stellen sich mit einem weichen Ball auch auf die Linie. Die restlichen Schüler versuchen dann wieder, gruppenweise von der anderen Hallenwand über die Brücke zur anderen Hallenwand zu rennen. Kopftreffer zählen nicht!

Differenzierung/Varianten: Brückenwächter müssen beim Fangen einen Ball prellen, sodass das Berühren eines Läufers reicht / mehrere Brückenwächter auf verschiedenen Hallenlinien

Gesprächsanregung für eine Hinführung oder Reflexion:
Worauf muss man als Läufer und Brückenwächter achten?

Haltet den Kasten frei!

Im Mittelkreis steht ein Kasten mit vielen verschiedenen Bällen. Ein „Ausräumer" rollt und wirft alle Bälle aus dem Kasten. Die restlichen Schüler sammeln diese Bälle wieder ein und legen sie wieder hinein. Wie lange braucht der Ausräumer, bis er das Kastenteil leergeräumt hat? Der Lehrer stoppt die Zeit.

Differenzierung/Varianten: In der Halle liegen weitere zehn Bälle, die auch in den Kasten zurückgelegt werden können. Oder „Haltet das Feld frei" mit zwei Mannschaften. Gewonnen hat die Mannschaft, die zuerst keine Bälle mehr in ihrer Hallenhälfte liegen hat.

Gesprächsanregung für eine Hinführung oder Reflexion: Worauf müssen die Ausräumer und Einräumer achten? Was passiert bei Änderung des Spielfeldes, der Regeln usw.? Wie kann man am besten ausräumen und wie einräumen?

Kasten beschütze mich!

Mit Seilchen wird ein Kreis mit einem Durchmesser von ca. 10–12 Metern gelegt. 6–12 Schüler (= Jäger) stehen außerhalb des Kreises. In der Mitte des Kreises steht ein hoher Kasten und 2–6 Schüler (= Hasen). Die Ballanzahl ist gleich der Hasenanzahl. Die Jäger versuchen, mit den weichen Bällen die Hasen abzuwerfen. Kopftreffer zählen nicht! Der Kasten bietet den Hasen Schutz. Getroffene Hasen scheiden aus. Wie lange brauchen die Jäger, bis sie alle Hasen abgeworfen haben? Oder: Der letzte Hase hat gewonnen.

Differenzierung/Varianten: nur mit einem weichen Ball spielen / Kastenanzahl, Kastenhöhe oder/und Kreisdurchmesser verändern

Gesprächsanregung für eine Hinführung oder Reflexion:
Worauf müssen Hasen und Jäger achten? Wie kann man daraus ein Mannschaftsspiel machen?

Schlossball

Das Schloss besteht aus Langbänken, Kästen und Hütchen, die die Mauern, Türme und den Wassergraben darstellen. Die Angreifer versuchen, gut springende Bälle per Aufsetzer in den Wassergraben über die Mauern in den Schlosshof zu befördern. Gelingt dies, ohne das ein Verteidiger einen Ball berührt, zählt der Lehrer dies als Treffer. Bälle können wiedergeholt oder aus dem Hof geworfen werden. Wie viele Treffer gelingen den Angreifern in 5 Minuten? Wechselt. Welche Mannschaft, die aus 8–15 Schülern besteht, hat mehr Treffer erzielt?

Differenzierung/Varianten: das Betreten der Mauern ist verboten / Ballanzahl verändern / Welche Mannschaft braucht weniger Zeit für 10 Treffer?

Gesprächsanregung für eine Hinführung oder Reflexion:
Worauf müssen Verteidiger und Angreifer achten?

Torbänke verteidigen

Zwei Langbänke werden auf die Mittellinie eines Spielfeldes gestellt. Und auf den Grundlinien kippt man jeweils zwei Langbänke. Die zwei gekippten Torbänke müssen von Mannschaft A und die anderen Torbänke von Mannschaft B verteidigt werden. Denn A versucht, mit weichen Bällen die Torbänke von B zu treffen und umgekehrt. Man darf mit dem gesamten Körper Bälle abwehren. Jede Mannschaft steht in einer Spielfeldhälfte. Bevor ein Ball geworfen werden darf, muss er zuvor dreimal gepasst worden sein. Torbanktreffer = 1 Punkt. Wer hat als erstes 10 Punkte? Oder wer hat nach 5 Minuten mehr Treffer erzielt?

Differenzierung/Varianten: Bälle nur mit Händen abwehren / Bälle dürfen auch ohne das Zupassen sofort geworfen werden / Ballanzahl verändern

Gesprächsanregung für eine Hinführung oder Reflexion:
Worauf muss man beim Abwehren der Bälle und beim Werfen achten?

Matten-Handball

In jeden Torkreis wird eine kleine Matte gelegt. Mannschaft A und B versuchen, den Handball auf die gegnerische Matte zu werfen. Dabei können wahlweise folgende Handballregeln gelten: Der Torkreis darf nicht betreten werden. Es dürfen nur 3 Schritte mit Ball gemacht werden. Das Dribbling ist nicht erlaubt. Jede Mannschaft hat 6 Feldspieler und 1 Matten-Torwart und Auswechselspieler. Usw. (siehe S. 50) Welche Mannschaft hat zuerst 10 Mattentreffer erzielt? Oder: Spielzeit 5 Minuten!

Differenzierung/Varianten: Handballregelvariationen / Die Matte wird hochkant und schräg an die Wand/in das Tor gestellt.

Gesprächsanregung für eine Hinführung oder Reflexion:
Welche Auswirkungen haben Regelanzahl und Regeländerungen auf das Spiel? Wie kann man schnell Matten-Treffer erzielen?

Reifen-Handball

In das Handballtor werden mit Seilen 2–3 Reifen oder kleine Ringe gehängt. In jeder Spielfeldhälfte spielen zwei Mannschaften gegeneinander: A mit Band gegen B und C mit Band gegen D. Die angreifende Mannschaft versucht, den Handball durch einen der Reifen zu werfen (= 1 Punkt). Die abwehrende Mannschaft versucht dies, ohne zu stoßen und ohne zu klammern zu verhindern. Dabei können zudem wahlweise folgende Handballregeln gelten: Der Torkreis darf nicht betreten werden. Es dürfen nur 3 Schritte mit Ball gemacht werden. Das Dribbling ist nicht erlaubt. Usw. (siehe S. 50) Jede Mannschaft hat 10 Angriffe. Wer hat die meisten Treffer erzielt?

Differenzierung/Varianten: die Angreifer haben zwei Bälle / Angreifer oder Abwehr ist in der Überzahl / ohne Reifen/Ringe, aber dafür mit Torwart

Gesprächsanregung für eine Hinführung oder Reflexion:
Worauf muss man als Angreifer oder Abwehrspieler achten? Gibt es sinnvolle Spielzüge, Tricks..., um ein Tor zu erzielen? Wo stehen Angreifer und Abwehrspieler am besten? Und wie bewegen sie sich am besten?

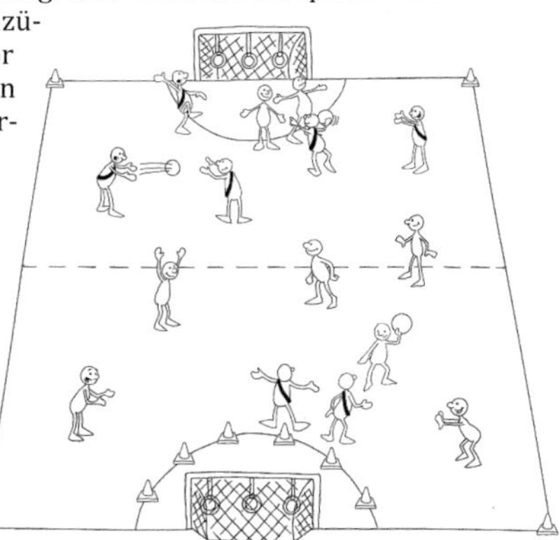

Einführung der Hockeyregeln in der Grundschule:

Ziel ist es, mithilfe von Hockeyschlägern einen Tennisball oder Softball gegen Matten, in Kästen (bei mehreren Spielfeldern) oder in das Handballtor zu schießen. Jeder Treffer zählt 1 Punkt. Später können Sie typische Hockey-Regeln einführen (s. unten).

Für Anfänger:

1. Jeder der 3–5 Feldspieler hat einen Hockeyschläger, nur der Torwart nicht!
2. Der Ball darf geschoben, nicht geschlagen werden.
3. Keine Alleingänge! Alle Mitspieler müssen den Ball berührt haben, bevor aufs Tor geschossen werden darf. Alleingänge werden mit Ballabgabe an die andere Mannschaft „bestraft". So werden alle Spieler am Spiel beteiligt.
4. Man darf über „Bande" spielen."
5. Schläger und Ball dürfen die Hüfthöhe nicht überschreiten. Bei Regelübertretung Ballabgabe an die andere Mannschaft.
6. Werfen von Ball und Schläger sind verboten! Ballabgabe!
7. Der Ball darf mit dem Fuß gestoppt, aber nicht gespielt werden.
8. Das Wegdrängen, Schlagen, Beinstellen... ist verboten. Bei Regeübertretung Ballabgabe an die andere Mannschaft.

Für Fortgeschrittene:

1. Das Spiel beginnt mit einem „Bully" am Mittelpunkt, auch nach einem Torerfolg.
2. Nur bei Torschüssen darf der Ball geschlagen werden, sonst wird er geschoben.
3. Alleingänge sind erlaubt.

Weitere typische Hockeyregeln, die Sie nach und nach einführen können:

1. Strafstoß (Penalty): Verhindert ein Foul eine sichere Torchance, ist dem benachteiligten Team ein Strafstoß zuzusprechen. Der Schütze startet am Mittelpunkt, läuft mit dem Ball und schießt auf das Tor. Ein Nachschuss ist nicht erlaubt. Fällt kein Tor, erfolgt ein Bully.
2. Nur innerhalb der „9-m-Schusskreise" dürfen Tore erzielt werden.

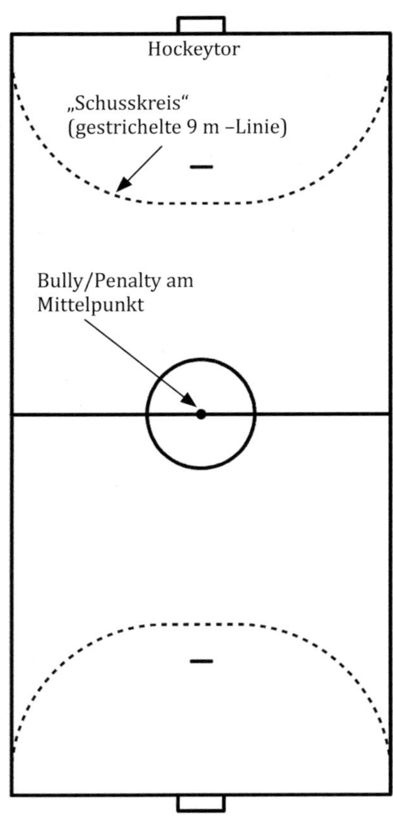
Hockeytor
„Schusskreis“
(gestrichelte 9 m –Linie)
Bully/Penalty am
Mittelpunkt

Schlägerhaltung

Schläger höchstens hüfthoch

Schläger nie in Kopfhöhe

Man greift von oben auf den Schläger

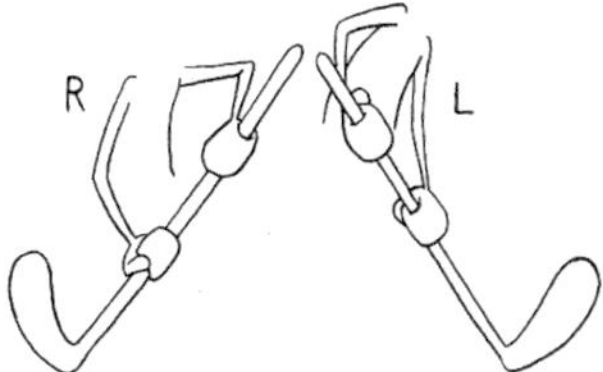

Rechtshänder fassen mit links oben an, mit rechts etwas darunter (Linkshänder umgekehrt)

Schieben des Balles mit dem Schläger

Beim Laufen mit Schläger und Ball wird der Ball unten an der flachen Schlägerseite geführt bzw. geschoben. Auch beim Zupassen wird der Ball zum Mitspieler geschoben.

Torschuss bzw. Torschlag

Beim Torschlag wird der Schläger nach hinten geführt, mit einer schnellen Bewegung nach vorne bewegt und mit der flachen Seite wird der Ball getroffen. Beim Torschlag muss man sich im „9 m – Schusskreis" befinden. Der Ball darf nur beim Torschlag hoch fliegen.

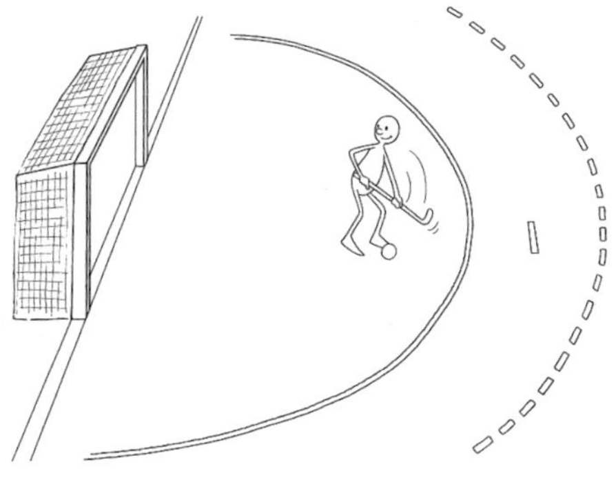

Kreuz und quer

Die Schüler führen bzw. schieben verschiedene Bälle am Schläger und laufen damit durch die Halle. Dabei machen sie verschiedene kleine Übungen: 1. Ball stoppen und weiterlaufen, 2. mit einem anderen Schüler den Ball im Laufen wechseln, 3. Ball im Laufen einem anderen Schüler auf Zuruf zupassen, 4. gegen die Hallenwand schieben und danach wieder mit Ball weiterlaufen 4. Ball auf flacher Schlägerseite balancieren, 5. Ball in ein Kastenteil lupfen, 6. Kunststücke mit dem Ball während des Laufens ausprobieren, 7. zu zweit durch die Halle laufen und 1–2 Bälle zupassen, 8. zu zweit mit Ball und Schläger hintereinander durch die Halle laufen, wobei das hintere Kind die Bewegungen des vorderen Kindes nachmacht.

Differenzierung/Varianten: mit Torwart und Torschlag

Gesprächsanregung für eine Hinführung oder Reflexion:
Wie kann man aus der Übung ein Spiel machen? Welche Sicherheitsregeln müssen beachtet werden (Stichwort: Schlägerhaltung)?

Ab ins Tor!:

1. Übung: 5–10 verschiedene weiche Bälle werden im 9-m-Schusskreis verteilt. Nun muss ein Schüler innerhalb von einer Minute versuchen, diese Bälle ins Tor zu schießen – mit oder ohne Torwart. Nun ist der nächste Schüler an der Reihe. Wer erzielt die meisten Tore?
2. Übung: wie die 1. Übung, nur mit dem Unterschied, dass die Bälle außerhalb des Schusskreises liegen und erst in den Schusskreis geschoben werden müssen.
3. Übung: wie die 1. oder 2. Übung, allerdings mit weniger Bällen und das Tor ist ein Kasten. So können mehrere Gruppen gleichzeitig üben und die Schüler sind schneller an der Reihe.

Differenzierung/Varianten: Alle Schüler einer Übungsgruppe schießen aus dem Schusskreis erst von links, dann halb-links, dann mittig, dann halb-rechts und zuletzt von rechts: Wer erzielt die meisten Tore?

Gesprächsanregung für eine Hinführung oder Reflexion:
Worauf müssen Spieler und Torwart beim Torschlag achten? Kann man daraus ein Mannschaftsspiel machen?

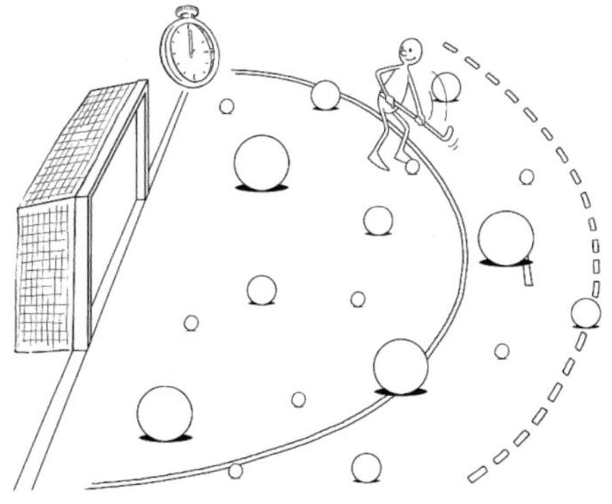

Slalom-Hockey

Die Spieler von 3–5 gleich großen Mannschaften stehen hintereinander. Die jeweils ersten Schüler müssen mit ihrem Schläger ihren Ball durch einen Slalomparcours, der aus Hütchen, Kegeln oder/und Stangen besteht, schieben – hin und zurück.
Dann übergeben sie den Ball an den zweiten Schüler usw., bis alle gelaufen sind. Die schnellste Mannschaft erhält 3, die zweitschnellste Mannschaft 2 und die drittschnellste Mannschaft 1 Punkt. Alle Mannschaften mit 7 Punkten haben gewonnen. Tipp: Bei zu geringer Schlägeranzahl Schläger weitergeben.
Differenzierung/Varianten: mit verschiedenen Bällen / als Pendelstaffel / ohne Hütchen oder Stangen hin und zurück
Gesprächsanregung für eine Hinführung oder Reflexion:
Worauf muss man beim Schieben des Balles durch den Slalomparcours achten?

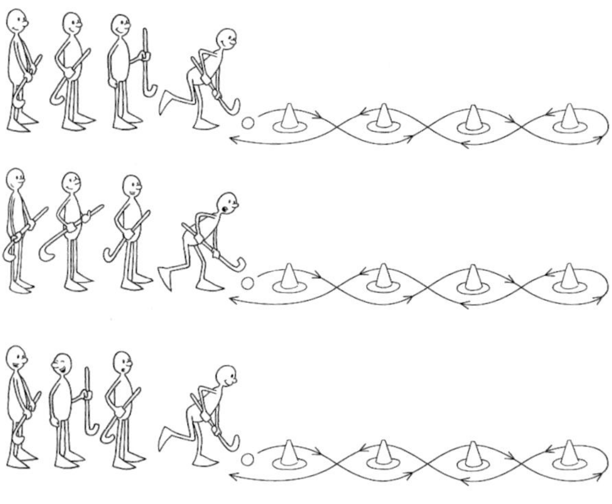

Zahlen-Hockey

Es werden zwei gleich große Mannschaften (z.B. je 12 Schüler) gebildet, die am Hallenrand auf Bänken sitzen. Jeder Schüler von Mannschaft A erhält eine Zahl von 1 bis z.B. 12. Und jeder Schüler von Mannschaft B erhält eine Zahl von 1 bis z.B. 12. Der Lehrer legt in die Hallenmitte einen Ball und ruft eine Zahl, z.B. „9". Nun laufen die beiden Schüler aus A und B mit der Zahl 9 aufs Spielfeld und versuchen, den Ball ins gegnerische Tor zu schießen. Gelingt das, erhält diese Mannschaft einen Punkt und beide Schüler setzen sich wieder auf ihre Bank. Gelingt kein Tor innerhalb einer Minute, ruft der Lehrer eine andere Zahl, z.B. „3". Nun spielen diese Schüler gegeneinander, während die „9er-Schüler" den Ball rollen lassen und sich auf ihre Bank setzen. Gewonnen hat die Mannschaft mit 10 Punkten. (Bei ungerader Schüleranzahl darf ein Schüler die Zahlen rufen.) Tipp: Bei zu geringer Schlägeranzahl vor jede Langbank 2–3 Schläger legen.

Differenzierung/Varianten: zwei, drei oder sogar vier Zahlen rufen

Gesprächsanregung für eine Hinführung oder Reflexion:
Woraus muss man achten, wenn man 1:1, 2:2, 3:3 oder 4:4 spielt?

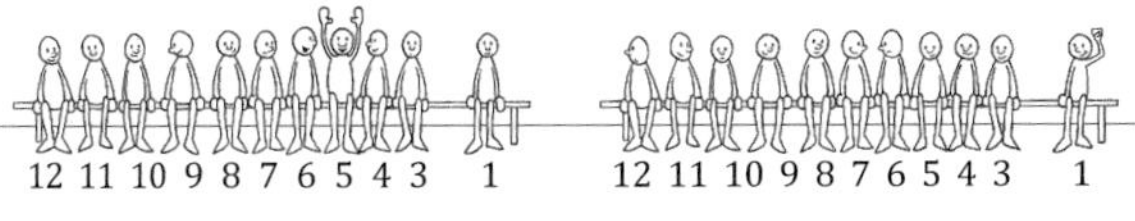

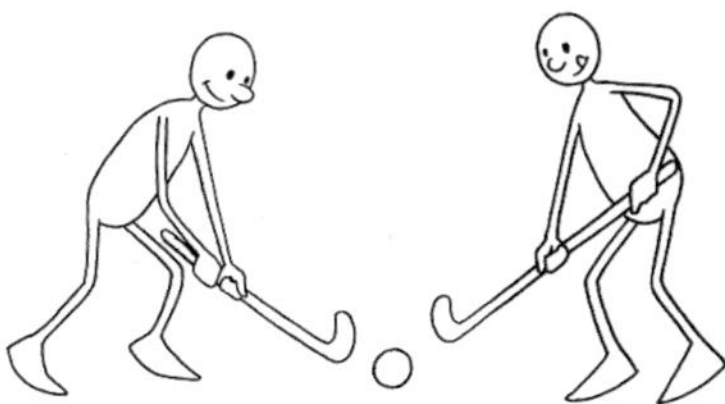

Hockey-Jäger

Innerhalb eines Kreises von 6–10 Schülern steht der Jäger. Der Jäger versucht, den Ball zu stoppen, den sich die anderen Schüler mit Schlägern zupassen. Wenn ihm das gelingt, tauscht der Jäger mit dem letzten Passgeber die Position. Wie oft können sich die Schüler den Ball zuspielen, bis der Jäger den Ball abfängt: 10, 20 oder sogar 30-mal?

Differenzierung/Varianten: mit verschiedenen Bällen / Kreisdurchmesser, Schüleranzahl oder Jägeranzahl verändern

Gesprächsanregung für eine Hinführung oder Reflexion:
Worauf muss man beim Passen und Stoppen des Balles achten? Wie gelangt der Jäger schnell an den Ball? Wie kann man daraus ein Mannschaftsspiel machen?

Viele Tore

3–6 Kästen werden am Hallenrand als Tore verteilt. Es werden mehrere Mannschaften mit je 2–4 Spielern gebildet. Nun können 2–4 Mannschaften mit verschieden farbigen Bändern gleichzeitig gegeneinander spielen. Wenn ein Tor in Kasten A erzielt worden ist, darf man direkt danach nicht noch einmal in den gleichen Kasten schießen und ein Tor erzielen. Welche Mannschaft erzielt zuerst 3 Treffer? Die gleiche Anzahl an Mannschaften und Spielern machen währenddessen Pause. Danach erfolgt ein Wechsel.

Differenzierung/Varianten: auf mehreren kleinen, mit gekippten Langbänken begrenzten Spielfeldern spielen je 3–4 Spieler gegeneinander und versuchen den Ball in 3–4 kleine Kästen zu schießen / jede Mannschaft bzw. jeder Spieler hat ein eigenes Tor und 3 Punkte: Schießt man ein Tor, erhält man einen Punkt dazu, schießt ein Gegenspieler den Ball in das eigene Tor, wird ein Punkt abgezogen

Gesprächsanregung für eine Hinführung oder Reflexion:

Wie kann dieses Spiel noch spannender machen?

Wie kann man daraus ein Spiel mit nur zwei Mannschaften machen?

Einführung der Volleyballregeln in der Grundschule:

Ziel ist es, einen Volley-, Soft-, großen Wasserball oder Luftballon über Langbänke, hohe Kästen oder das Netz in das gegnerische Feld zu spielen, sodass z.B. der Ball den Boden im gegnerischen Spielfeld berührt. Jeder eigene Fehler ist ein Punkt für den Gegner. Später können Sie typische Volleyball-Regeln einführen (s. unten).

Für Anfänger:

1. mehrere kleine Spielfelder aufbauen, wobei eine Langbank eine Mittellinie eines Spielfeldes ist, z.B. 4 x 6 Meter eine Spielhälfte
2. Spielform: 1:1 oder 2:2 oder 3:3. Jeder der 1–3 Feldspieler steht in seiner Spielfeldhälfte.
3. Der Ball darf mit jedem Körperteil beliebig oft hoch und zugespielt werden (evtl. mit Bodenberührung zwischendurch).
4. Der Ball darf nicht gefangen und geworfen werden. Er muss durch kurzes Berühren hochgehalten werden.
5. Jeder in die gegnerische Hälfte gespielter Ball zählt als Punkt.

Für Fortgeschrittene:

1. mehrere kleine Spielfelder aufbauen, wobei 1–2 hohe Kästen eine Mittellinie eines Spielfeldes sind, z.B. 2 oder 4 x 6 Meter eine Spielhälfte 2. Der Ball muss zu Beginn per Aufschlag ins gegnerische Spielfeld geschlagen werden. 3. Der Ball darf dreimal in Folge berührt werden, um ihn wieder zurückzuspielen. 4. Jeder eigene Fehler ist ein Punkt für die Gegner: a) mehr als dreimal berührt, b) eigener Ball landet außerhalb des Spielfeldes, c) zu lange berührt 5. Wer einen Punkt erzielt, bekommt den nächsten Aufschlag.

Weitere typische Volleyballregeln, die Sie nach und nach einführen:

1. Balltechniken anwenden: pritschen, baggern, Aufschlag, Block
2. Die Mittellinie dürfen Schüler nicht übertreten und das Netz nicht berühren (= Fehler und Punkt für Gegner).
3. auf regulärem Volleyballfeld mit Netz spielen (4:4, 5:5 oder 6:6)

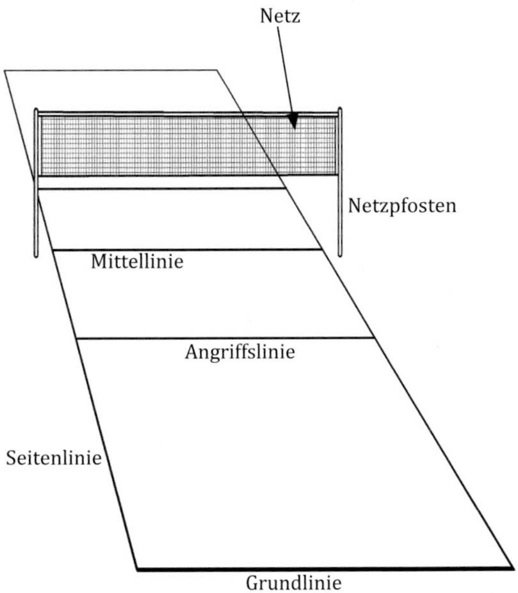
Netz
Netzpfosten
Mittellinie
Angriffslinie
Seitenlinie
Grundlinie

Pritschen

Man pritscht, wenn der Ball im hohen Bogen von oben angeflogen kommt. Beim Pritschen berühren die Fingerspitzen den Ball nur sehr kurz und schleudern den Ball wieder im hohen Bogen heraus.

Baggern

Man baggert, wenn der Ball von vorne, aber tief angeflogen kommt. Beim Baggern werden die Hände ineinander gelegt, die Arme gestreckt, sodass die Unterarme eine relativ ebene Fläche ergeben. Mit den Unterarmen wird der heranfliegende Ball wieder zurückgespielt.

Aufschlag von unten und von oben

Für Anfänger: Beim Aufschlag von unten wird der Ball vor dem eigenen Körper etwas hochgeworfen und mit dem anderen Arm oder der anderen Hand in die andere Spielhälfte geschlagen. Der Schlagarm wird dabei seitlich schnell von hinten nach vorne bewegt.

Für Fortgeschrittene: Beim Aufschlag von oben wird der Ball über den eigenen Kopf geworfen und mit dem anderen Arm oder der anderen Hand in die andere Spielhälfte geschlagen. Der Schlagarm wird dabei über dem Kopf schnell von hinten nach vorne bewegt.

Block

Beim Blocken versucht ein Schüler, im Sprung mit beiden Händen einen Angriffsschlag eines Gegners abzuwehren.

Kreuz und quer

Die Schüler werfen, pritschen und baggern Luftballons, Volleybälle, Softbälle und große Wasserbälle in verschiedenen Varianten: 1. hochwerfen, drehen und pritschen, 2. im Kreis: hin und her pritschen und baggern, 3. in die Hände klatschen und wieder baggern und pritschen, 4. Ball hochwerfen, hinsetzen, aufstehen und wieder baggern und pritschen, 5. Gehen und dabei pritschen und baggern, 6. sich zu zweit den Ball mit oder ohne Hindernissen zubaggern und zupritschen

Differenzierung/Varianten: auch als Stationslauf durchführbar

Gesprächsanregung für eine Hinführung oder Reflexion:
Wie kann man aus der Übung ein Spiel machen? Welche Sicherheitsregeln müssen beachtet werden?

Ticki

Alle Schüler verteilen sich in der Halle. Der Lehrer wirft nun einen Ball hoch in die Luft. Nachdem der Ball genau einmal aufgetickt ist, schlägt, pritscht, baggert, köpft usw. ein Schüler den Ball wieder in die Höhe. Nachdem der Ball wieder genau einmal aufgetickt ist, schlägt, pritscht usw. ein anderer Schüler den Ball wieder in die Höhe. Usw. Alle Schüler zählen laut mit, wie oft der Ball mit jeweils nur einem „Zwischendurch-Auftickent" hochgehalten werden kann: „1, 2, 3, 4, 5...!" Damit sich nicht alle Schüler auf den Ball stürzen, sollte jeder Schüler an seinem Platz stehen bleiben und sich nur in Richtung Ball bewegen, wenn er in seiner Nähe auftickt.

Differenzierung/Varianten: auch als Jäger-Ticki spielbar: Ein Jäger in der Kreismitte versucht, den Ball abzujagen, die sich die anderen Schüler zubaggern und zupritschen

Gesprächsanregung für eine Hinführung oder Reflexion:
Worauf müssen alle Schüler achten? Was passiert bei Änderung des Spielfeldes, der Regeln usw.? Wie kann man daraus ein Mannschaftsspiel machen?

Langbank-Volleyball

Die Schüler spielen Volleybälle, Softbälle, große Wasserbälle oder/und Luftballons über Langbänke, indem sie die Bälle mit jedem beliebigen Körperteil und so oft sie wollen hoch halten und zuletzt wieder in das andere Spielfeld spielen. Berühren Bälle oder Ballons den Boden, erhält die andere Mannschaft einen Punkt. Gewonnen hat die Mannschaft mit 25 Punkten.

Differenzierung/Varianten: nur mit einem Luftballon, später einem großen Wasserball und zuletzt einem Soft- oder Volleyball spielen: dabei spielt man nach den Regeln wie oben

Gesprächsanregung für eine Hinführung oder Reflexion:

Worauf müssen die Schüler einer Mannschaft achten?

Wie kann man dieses Spiel noch spannender machen?

Über Kasten und Matte

Es werden zwei Weichbodenmatten hochgestellt, die links und rechts von je einem hohen Kasten gestützt werden. Mannschaft A steht links von der Mattenwand und Mannschaft B steht rechts von der Mattenwand. Nun werden 4–6 Bälle von Mannschaft A über die Matte gepritscht, gebaggert, gefaustet oder geköpft. Mannschaft B darf die Bälle fangen, die Bälle etwas hochwerfen und dann selber wieder über die Mattenwand zur anderen Mannschaft pritschen, baggern usw. Berührt ein Ball den Boden, erhält die Mannschaft im anderen Spielfeld einen Punkt. Gewonnen hat die Mannschaft mit 25 Punkten.

Differenzierung/Varianten: ohne Matten, nur über hohe Kästen spielen / Spieleranzahl, Ballanzahl und Ballart verändern / Spielfeld begrenzen / Bälle dürfen nicht gefangen werden, sondern müssen hoch gehalten werden und dann wieder über die Matte gepritscht, gebaggert usw. werden

Gesprächsanregung für eine Hinführung oder Reflexion: Worauf muss man beim Hinüberspielen des Balles über die Matten achten? Worauf müssen Schüler achten, wenn ein Ball zwischen ihnen angeflogen kommt?

Über Seil, Schnur oder Netz

Es werden zusammengeknotete Seile oder eine Zauberschnur oder ein Volleyballnetz zwischen Basketballkorb-Ständern/Basketballkörben oder Haken an den Hallenwänden oder Volleyball-Pfosten gespannt. Mit Hütchen oder Seilchen werden mehrere kleine Spielfelder abgegrenzt. Mehrere 4er-Gruppen werden gebildet. Zwei Spieler sind Schiedsrichter (= C und D). Spieler A spielt dann gegen Spieler B. Nun wird ein Ball von Spieler A über das Seil, die Schnur oder das Netz gepritscht oder gebaggert oder gefaustet oder geköpft. Spieler B darf den Ball fangen, den Ball etwas hochwerfen und dann selber wieder zum anderen Spieler A pritschen, baggern usw. Berührt ein Ball den Boden oder geht der Ball ins Spielfeld-Aus oder berührt ein Spieler die Schnur, das Seil, das Netz oder übertritt er die Mittelinie, ist das ein Fehler. Jeder Fehler bedeutet einen Punkt für den Gegner. Gewonnen hat der Spieler mit 5 Punkten. Danach wird gewechselt, sodass jeder gegen jeden spielt: A gegen B, C gegen D, A gegen C usw. Wichtig: Die außen stehenden Ständer mit kleinen Kästen sichern!

Differenzierung/Varianten: nur über hohe Kästen spielen / Spieleranzahl und Ballart verändern / Bälle dürfen nicht gefangen werden, sondern müssen hochgehalten und dann wieder über die Matte gespielt werden

Gesprächsanregung für eine Hinführung oder Reflexion:

Worauf muss man beim Hinüberspielen des Balles über die Matte achten? Wie kann dieses Spiel noch spannender machen? Wie kann man daraus ein Mannschaftsspiel machen?

Bildquellenverzeichnis:

Claudia Bauer:
Cover

Roman Lechner:
Seite 9, Seite 10, Seite 11, Seite 12 (Einmal herum), Seite 16, Seite 19, Seite 23(Station 4), Seite 27, Seite 31, Seite 32, Seite 35, Seite 37, Seite 38, Seite 42, Seite 43 (Sitzfußball), Seite 45, Seite 47, Seite 51, Seite 52 (Fangen), Seite 53, Seite 54, Seite 55 (oben), Seite 57 (In die Reifen), Seite 58 (Kreis-Passen, unten), Seite 60, Seite 63, Seite 64, Seite 65, Seite 66, Seite 69, Seite 72, Seite 75, Seite 77, Seite 79, Seite 81, Seite 82, Seite 83, Seite 84, Seite 85, Seite 86, Seite 89, Seite 90, Seite 91, Seite 92,

Renata Golaszewska, Alexander Erkens:
Seite 12 (Slalomlaufen), Seite 13, Seite 14, Seite 15, Seite 17, Seite 18, Seite 20, Seite 23 (Station 3), Seite 23(Station 5), Seite 24, Seite 25, Seite 28, Seite 29, Seite 30, Seite 33, Seite 34, Seite 39 (Hütchenschießen), Seite 40, Seite 41, Seite 44, Seite 48, Seite 49, Seite 51 (Stemmwurf), Seite 55 (unten), Seite 59, Seite 61, Seite 62, Seite 67, Seite 68, Seite 70, Seite 71, Seite 73, Seite 76, Seite 87, Seite 93, Seite 94, Seite 95, Seite 96, Seite 97

Renata Golaszewska:
Seite 21, Seite 22, Seite 26, Seite 38, Seite 39 (Torschuss), Seite 43 (Im Kreis herum), Seite 46, Seite 56, Seite 57 (Durch die Taue), Seite 58 (oben), Seite 74, Seite 80,